Inhaltsverzeichnis

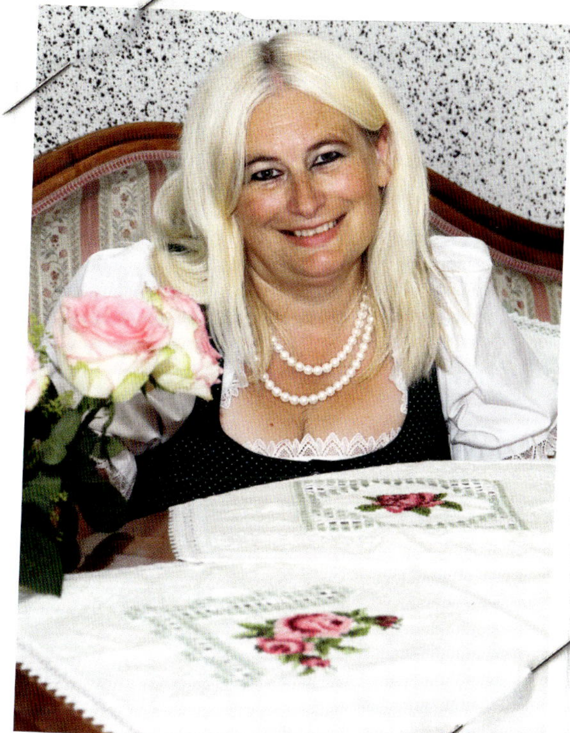

Die Autorin

Karin Eder hat schon in ihrer Kindheit die Liebe zur Handarbeit entdeckt.
Waren es am Anfang ihre Puppen und Teddybären, die mit selbstgemachter Kleidung „beglückt" wurden, kam schon bald das Sticken hinzu. Nunmehr entwirft sie seit mehr als drei Jahrzehnten Stick- und Häkelmuster.
Kontakt: karin.elisabeth.eder@gmail.com

Material

Alle Modelle sind mit Garnstärke 10 gehäkelt. Das gesamte Material wurde der Autorin von der Fa. Elisa zur Verfügung gestellt, herzlichen Dank dafür.

Für die meisten Modelle reichen Reste. Nur für die Deckchen ist ein 50-Gramm-Knäuel sinnvoll. Mit den Farben lässt sich sicher auch gut spielen.

Der Osterhase ist mit einem Fertigkopf, angeboten von Fa. Rahyer, schneller fertig. Wer Lust hat, kann den Kopf auch selbst anfertigen.

In den Formen stecken Styropor-Eier, die man aber gut durch echte Ostereier ersetzen kann. Die Eier sind 6 cm groß, nur die vom Körbchen sind 4,5 cm klein. Für die Hühnerköpfe wurden 3 cm große Styropor-Kugeln verwendet.

Die klaren Plastikeier in den Ostereiern können auch gegen bunte Holz-, Plastik- oder Papiereier ersetzt werden.

Häkelgabeln und Filetstäbchen sind im Fachhandel oder, falls gewünscht, auch direkt bei der Autorin erhältlich. Es wurden eine 4 cm breite Gabel und ein 1,5 cm breites Stäbchen verwendet.

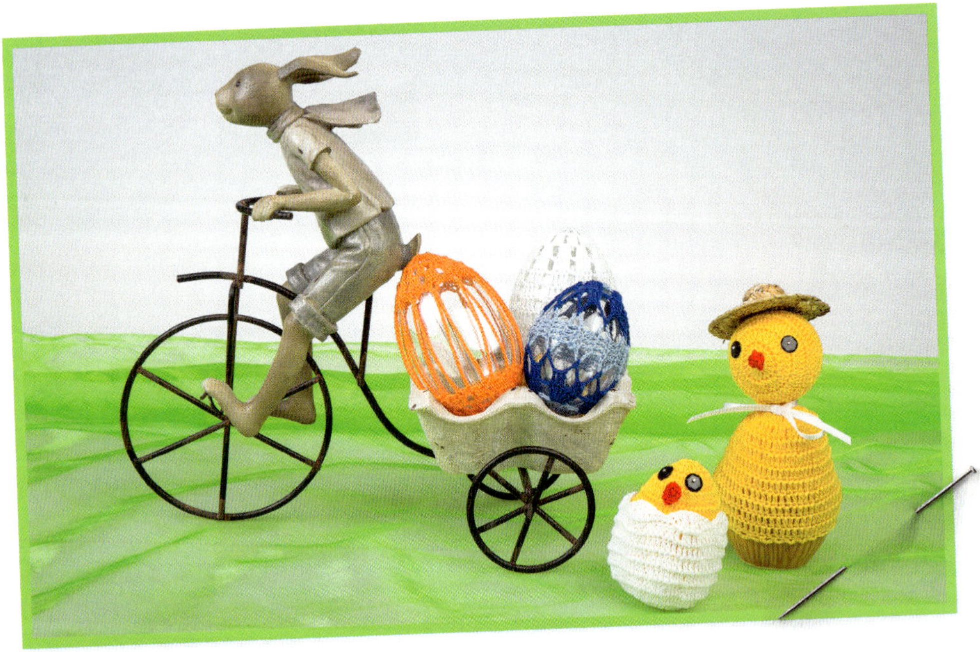

Ostereier und Osterdekoration häkeln

Mehr als 40 Projekte mit Häkelschrift

Karin Eder

Leopold Stocker Verlag
Graz – Stuttgart

Umschlaggestaltung: DSR – Werbeagentur Rypka, A-8143-Dobl/Graz
Titelbild: Karin Haas, Graz, www.karinhaas.com
Bildnachweis: Karin Haas, Graz, www.karinhaas.com: S.2, S.4, S.5, S.6, S.7.
Alle anderen Fotos: Hans Rauscher für Karin Eder

Bibliographische Information der Deutschen Nationalbibliothek
Die Deutsche Nationalbibliothek verzeichnet diese Publikation in der Deutschen Nationalbibliographie; detaillierte bibliographische Daten sind im Internet über http://dnb.d-nb.de abrufbar.

Hinweis:
Dieses Buch wurde auf chlorfrei gebleichtem Papier gedruckt. Die zum Schutz vor Verschmutzung verwendete Einschweißfolie ist aus Polyethylen chlor- und schwefelfrei hergestellt. Diese umweltfreundliche Folie verhält sich grundwasserneutral, ist voll recyclingfähig und verbrennt in Müllverbrennungsanlagen völlig ungiftig.

Auf Wunsch senden wir Ihnen gerne kostenlos unser Verlagsverzeichnis zu:
Leopold Stocker Verlag GmbH
Hofgasse 5 / Postfach 438
A-8011 Graz
Tel.: +43 (0)316/82 16 36
Fax: +43 (0)316/83 56 12
E-Mail: stocker-verlag@stocker-verlag.com
www.stocker-verlag.com
ISBN 978-3-7020-1783-5

Layout: DSR – Werbeagentur Rypka, A-8143-Dobl/Graz
Druck und Bindung: hm·perfectprintconsult·eu

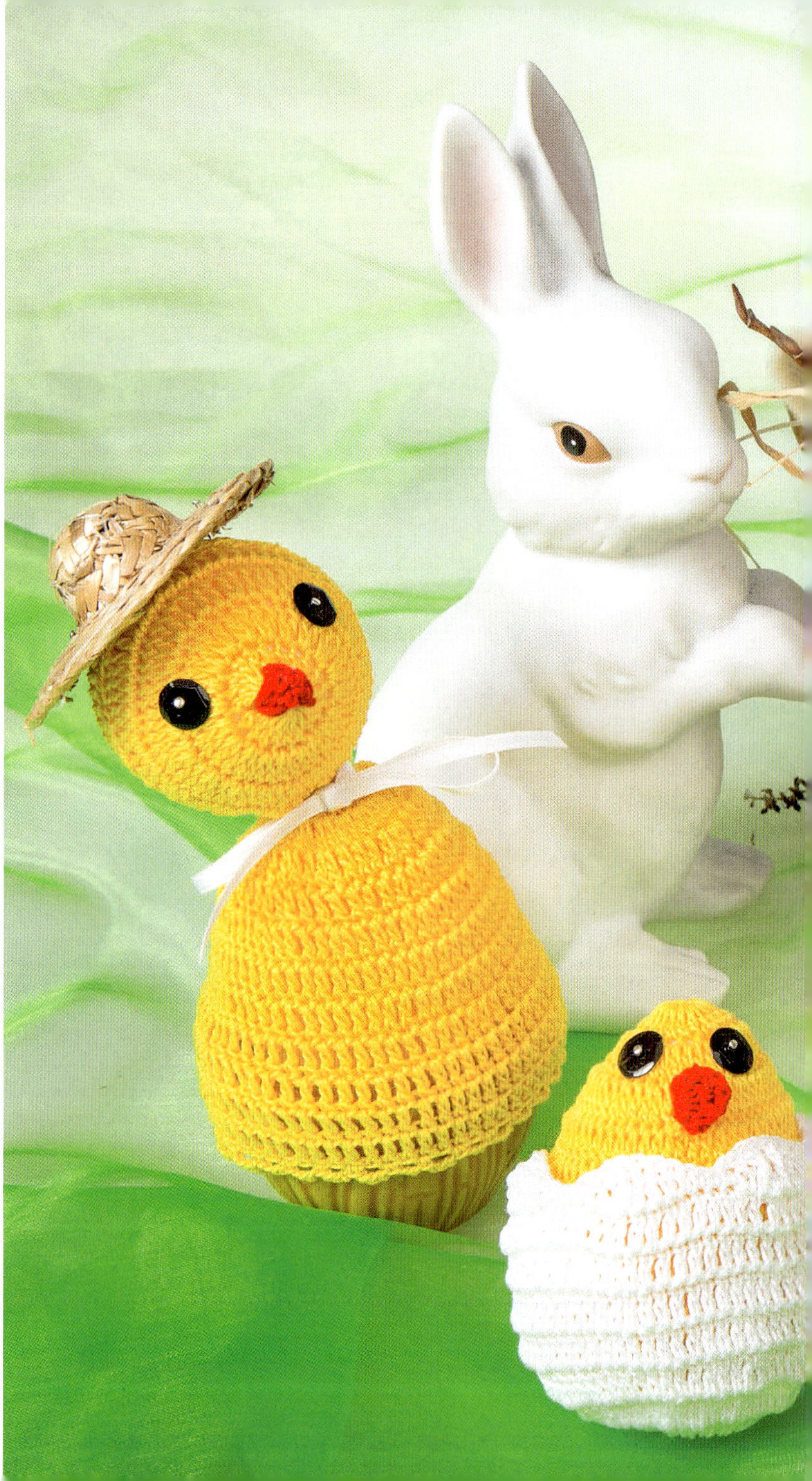

Häkelschrift und Erklärungen

- (8) Anzahl der Luftmaschen für runden Anfänge
- ● Luftmasche (Lm)
- Feste Masche (fM)
- Halbes Stäbchen (hStb)
- Stäbchen (Stb)
- Doppelstäbchen (Dstb)
- Büschelmasche (Bstb)
- Gabelstäbchen (Gstb)
- Kreuzstäbchen (Kstb)
- feste Masche (zusammenschließen der Spitze)
- neuer Anfang (Reihe oder Rundenbeginn)
- (Km) Kettmasche

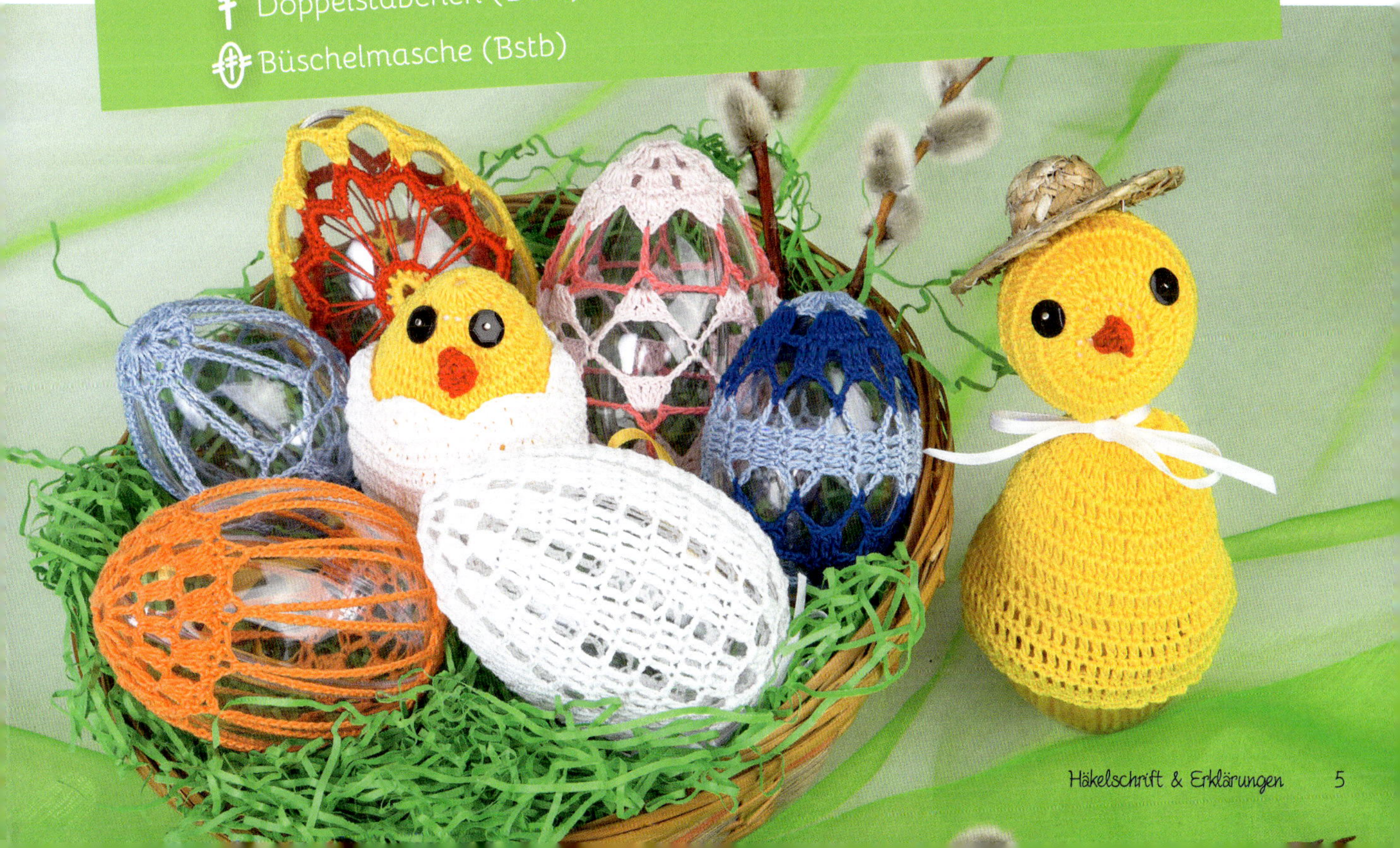

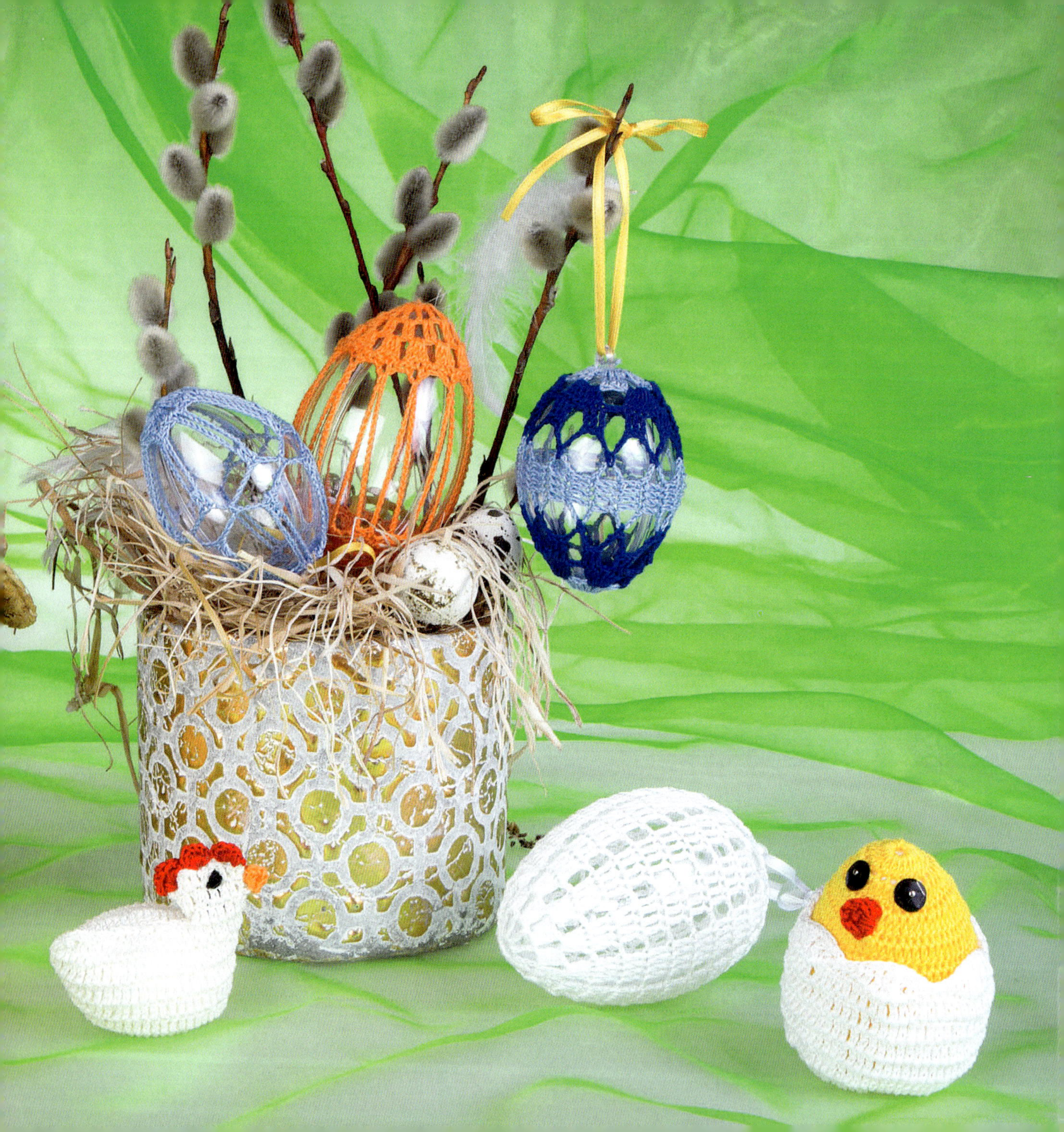

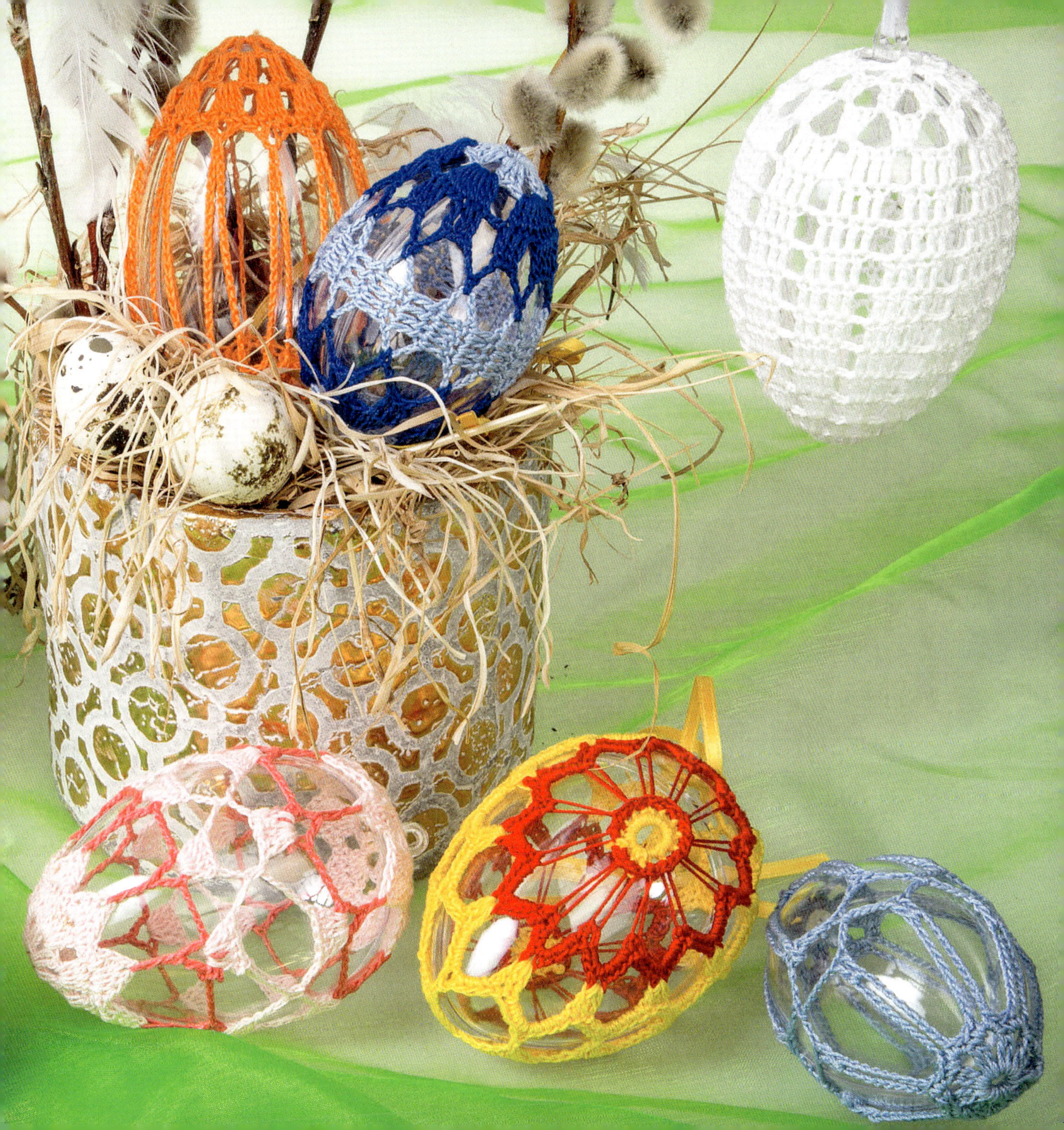

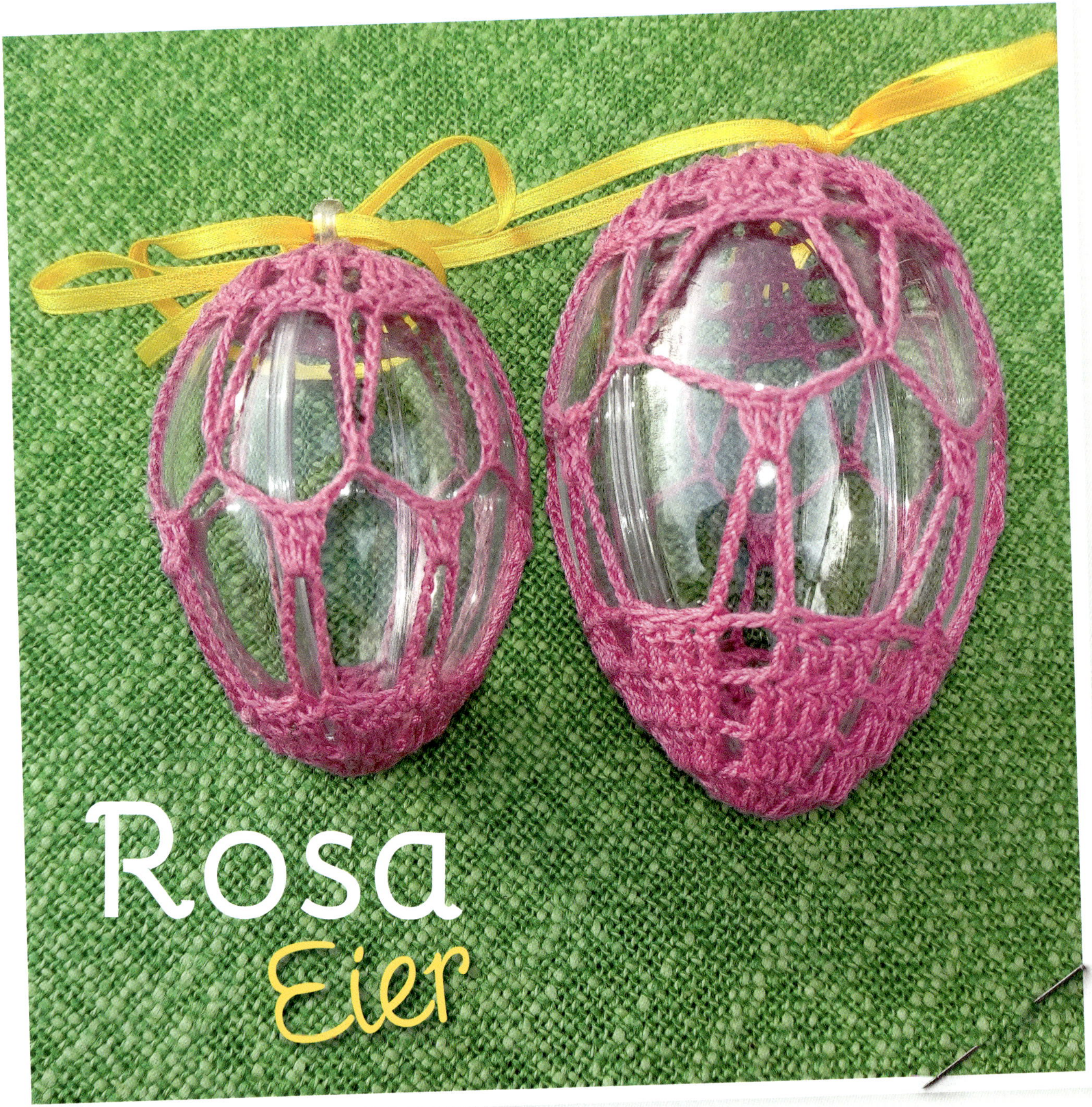
Rosa
Eier

Name

Straße

PLZ Ort

Telefon

E-Mail

☐ (Pflichtfeld) Ich bestätige, dass ich das 16. Lebensjahr vollendet habe und erteile meine ausdrückliche Zustimmung, dass die von mir oben angegeben Daten durch die Leopold Stocker Verlag GmbH zum Zweck der Vertragserfüllung und Leistungserbringung verarbeitet und an Auftragsverarbeiter weitergegeben werden, UND dass

☐ die angegeben Daten durch die Leopold Stocker Verlag GmbH zum Zweck des Newsletterversands verarbeitet, an Auftragsverarbeiter weitergegeben werden und ich werbliche Informationen und Angebote via Post, E-Mail, Telefon erhalte.

Ich kann meine Zustimmung jederzeit widerrufen. Dafür wende ich mich an die Leopold Stocker Verlag GmbH (Hofgasse 5, A-8010 Graz; Tel: 0043316/821636; E-Mail: datenschutz@stocker-verlag.com). Alle Infos: www.stocker-verlag.com/datenschutz.

Datum____________ Unterschrift ____________________

Stocker Verlag GmbH, Hofgasse 5, 8010 Graz, Österreich
Tel.: +43/316/82 16 36, Fax: +43/316/83 56 12
E-Mail: stocker-verlag@stocker-verlag.com, www.stocker-verlag.com

Bitte frankieren!

ANTWORTSENDUNG

Leopold Stocker Verlag

Postfach 438
Hofgasse 5
8011 Graz

Kleines Ei

8 Lm, mit 1 Km zu einem Ring schließen, (2 Stb, 2 Lm) 8-mal.

Auf jedes Stäbchen: 2 Stb, 3 Lm.

Auf die mittleren 2 Stb je 1 fM, auf die Luftmaschen 1 fM, 9 Lm

Den ersten Teil beenden, den zweiten Teil genauso arbeiten.

Die beiden Teile mit der grün gezeichneten Runde verbinden.

Großes Ei

8 Lm, mit 1 Km zum Ring schließen, (2 Stb, 2 Lm)-8 mal.

Das erste Stäbchen jeder Gruppe verdoppeln: 2 Stb, 1 Stb, 3 Lm.

Das mittlere Stäbchen verdoppeln: 1 Stb, 2 Stb, 1 Stb, 4 Lm.

Auf jedes Stäbchen der Vorreihe 1 Stb, 5 Lm.

Auf die zwei mittleren Stäbchen jeder Gruppe je 1 fM, um die Luftmaschen 1 fM, 9 Lm, 1 fM.

Den ersten Teil beenden. Den zweiten Teil genauso arbeiten.

Die beiden Teile mit der grün gezeichneten Runde verbinden.

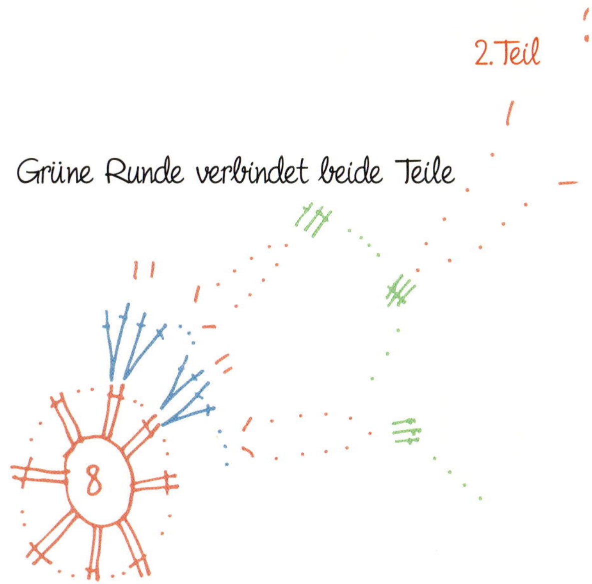

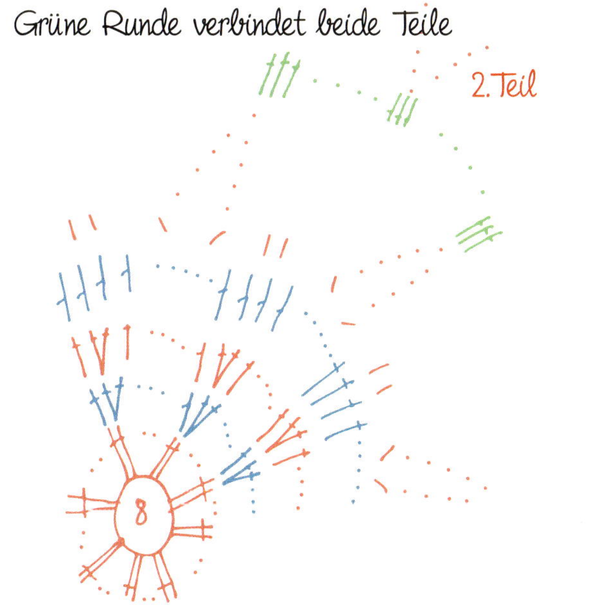

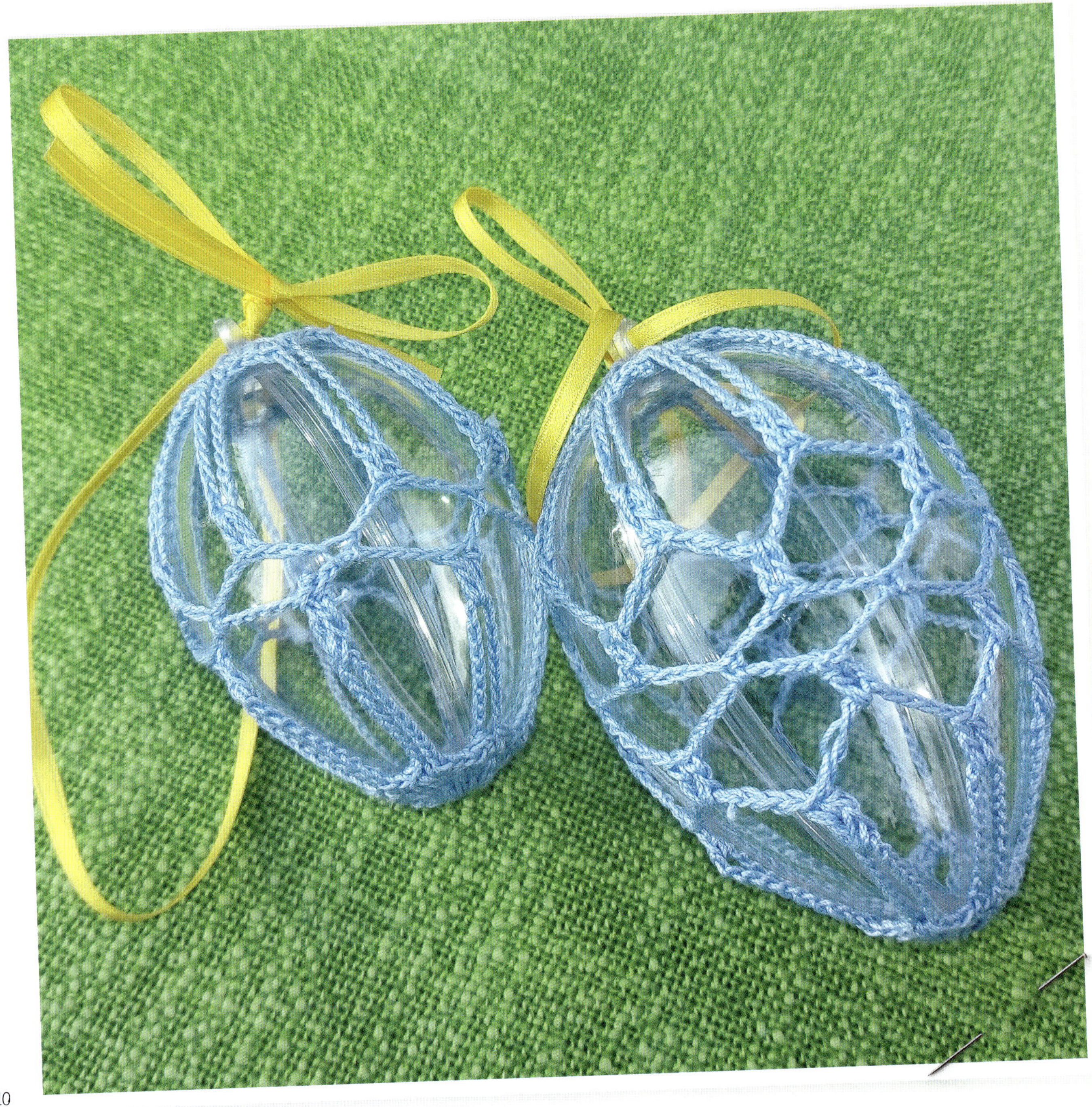

Blaue Eier

8 Lm, mit 1 Km zum Ring schließen, (2 Stb, 2 Lm) 8-mal arbeiten.

Um die zwei Luftmaschen je 2 fM, 15 oder 20 Luftmaschen, 2 fM.

15 Lm für das kleine Ei, 20 Lm für das große Ei.

Auf die Lm-Schlingen 1 fM, 7 Lm.

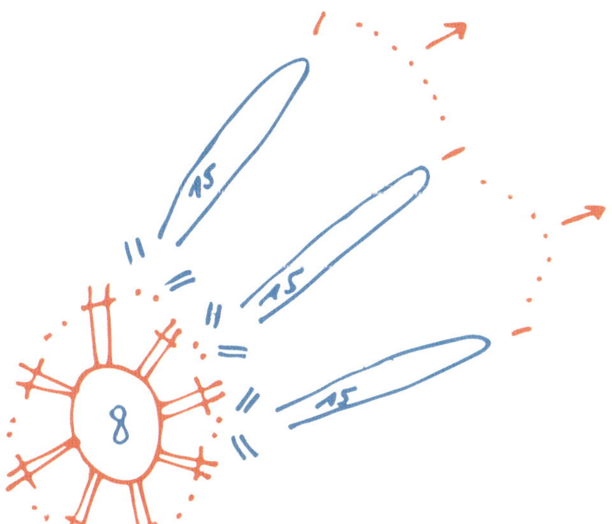

Schlinge aus 15 Lm

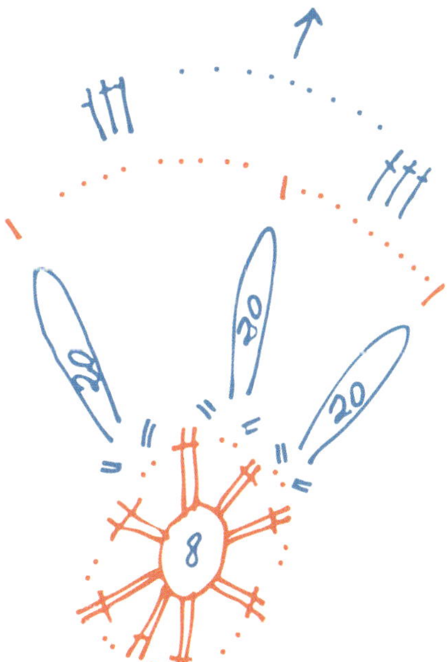

Schlinge aus 20 Lm

Gelbe Eier

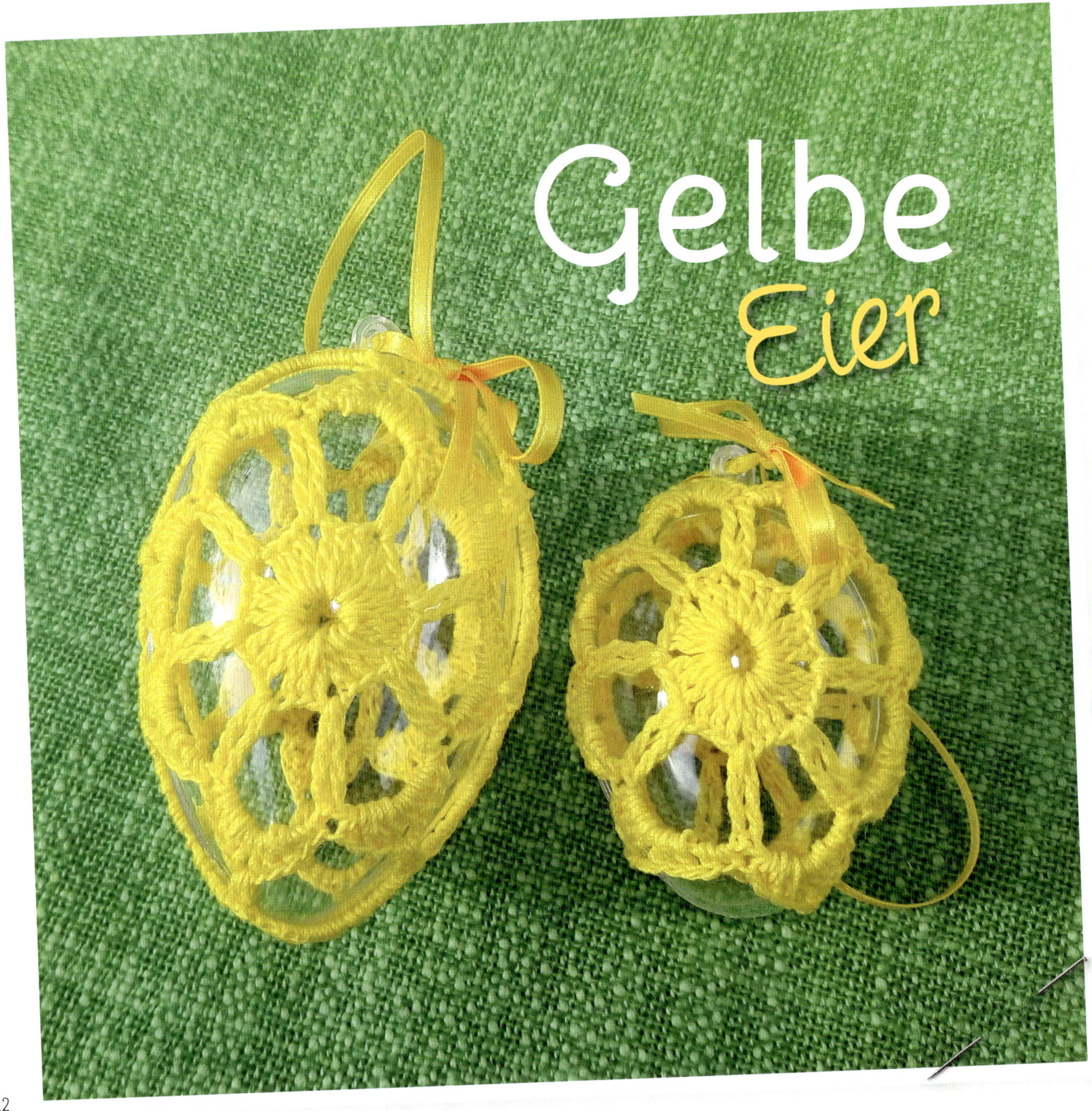

Kleines Ei

8 Lm, mit 1 Km zum Ring schließen, (3 Stb, 1 Lm) 8-mal.

Um die Luftmasche: 2 Stb, 6 Lm arbeiten.

Um jeden Luftmaschenbogen: 1 fM, 1 hStb, 3 Stb, 7 Lm, 3 Stb, 1 hStb, 1 fM arbeiten.

Einen zweiten Teil genauso arbeiten, in der letzten Runde beide Teile miteinander verbinden: 3 Lm, 1 fM um die Luftmaschen des ersten Teiles herum, 3 Lm.

Großes Ei

8 Lm, mit 1 Km zum Ring schließen, (3 Stb, 1 Lm) 8-mal.

Um die Luftmasche: 2 DStb, 8 Lm arbeiten.

Um jeden Luftmaschenbogen: 1 fM, 1 hStb, 1 Stb, 2 DStb, 9 Lm, 2 DStb, 1 Stb, 1 hStb, 1 fM arbeiten.

Einen zweiten Teil genauso arbeiten, in der letzten Runde die beiden Teile miteinander verbinden.

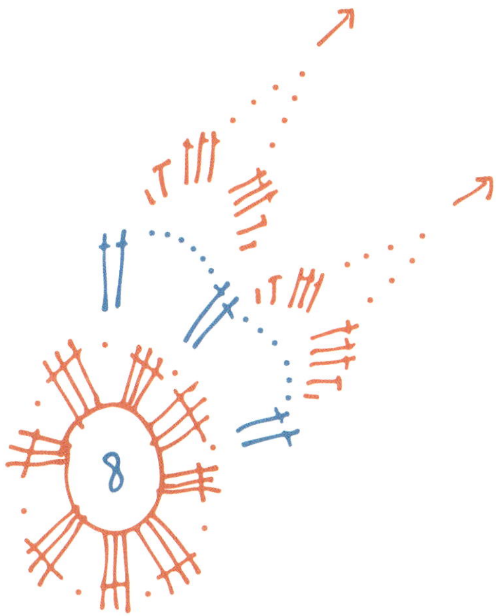

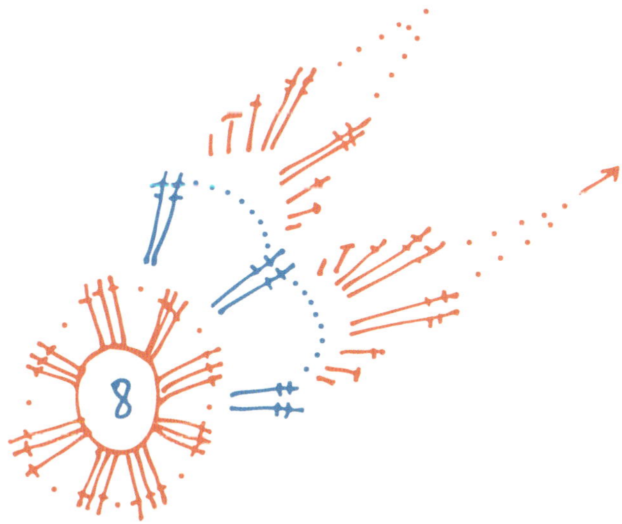

Lila Eier

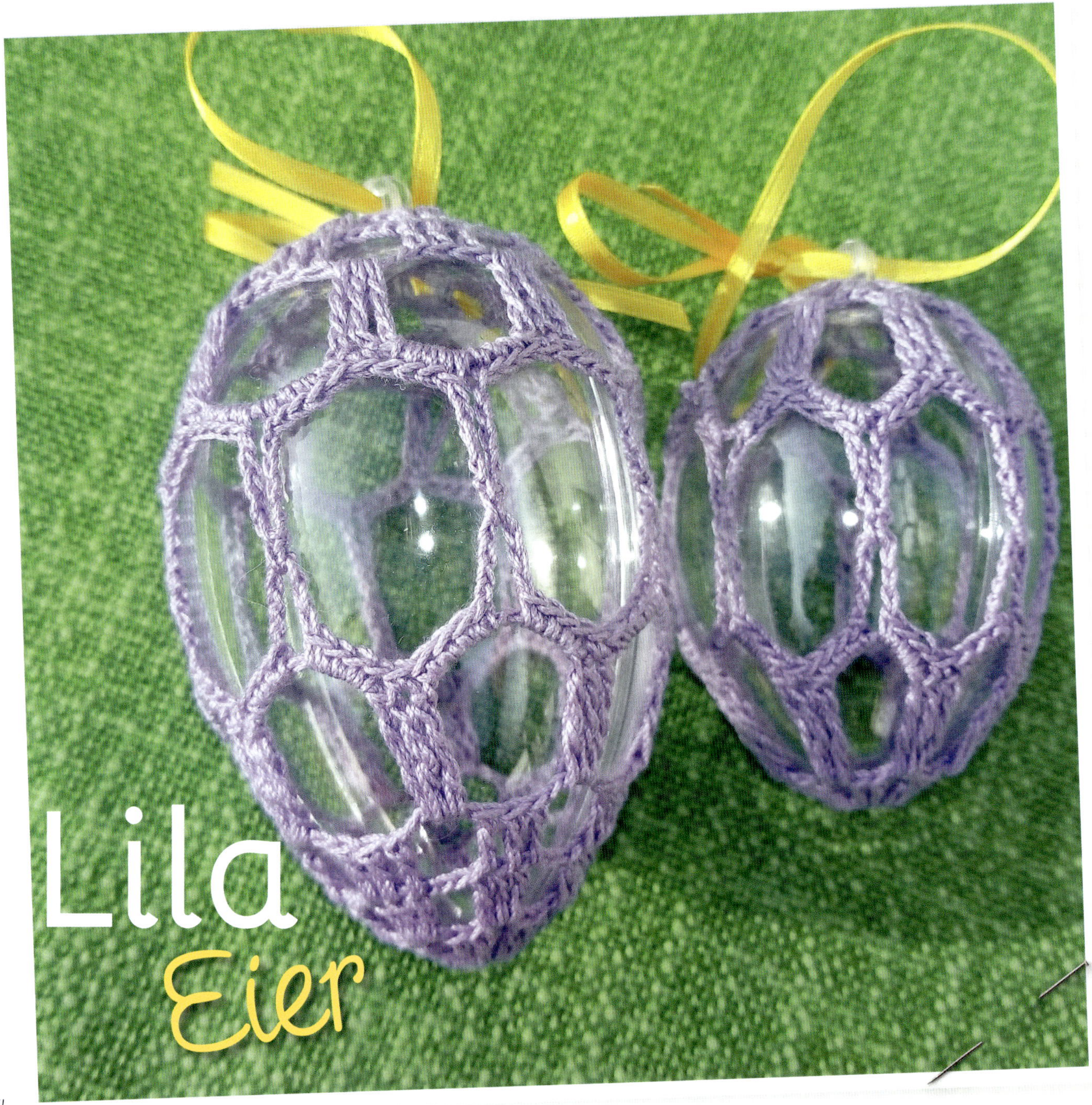

Kleines Ei

8 Lm, mit 1 Km zum Ring schließen, (2 Stb, 2 Lm) 8-mal.

Um die Luftmaschen: je 4 DStb, 5 Lm arbeiten.

Um die Luftmaschen: 4 fM, 7 Lm, 4 fM arbeiten.

Den zweiten Teil genauso arbeiten, die beiden Teile in der letzten Runde miteinander verbinden.

Großes Ei

8 Lm, mit 1 Km zum Ring schließen, (2 Stb, 2 Lm) 8-mal.

Um die Luftmaschen: 3 Stb, 3 Lm arbeiten.

Auf jedes Stäbchen: 1 Stb arbeiten, 5 Lm zwischen die Stäbchengruppen.

Um die Luftmaschen: 3 DStb, 7 Lm arbeiten.

Um den Luftmaschenbogen: 4 fM, 7 Lm, 4 fM arbeiten.

Den zweiten Teil bis zur letzten Runde gleich häkeln, in der letzten Runde beide Teile miteinander verbinden.

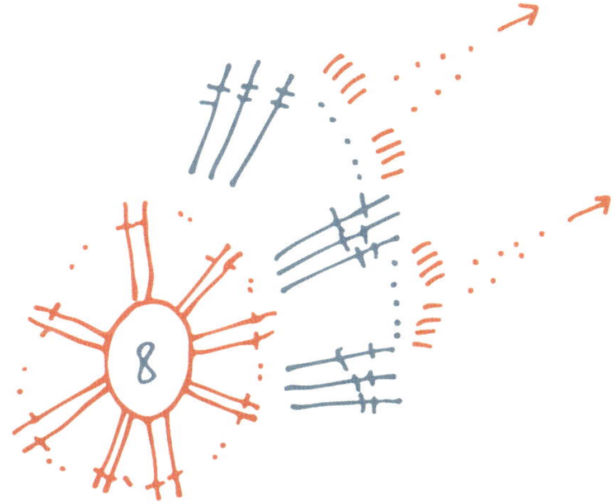

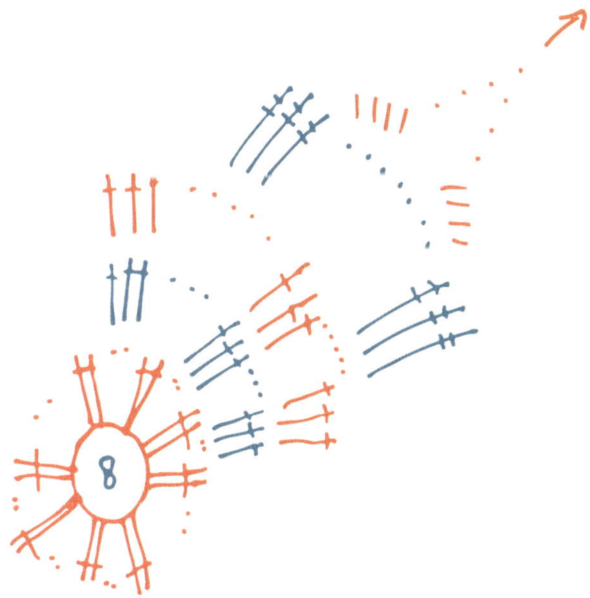

Orange Eier

Kleines Ei

Oberer Teil

8 Lm, mit 1 Km zum Ring schließen.
In den Ring: (1 DStb, 1 Lm) 12-mal arbeiten.
Um die Luftmasche: 2 Stb, 2 Lm arbeiten.
Um die 2 Luftmaschen: 4 Stb, 2 Lm arbeiten.
1 fM um die 2 Lm, auf das 2. Stb 1 fM, 25 Lm.
1 fM auf das 3. Stb.

Unterer Teil

Gleich arbeiten, nur in der letzten Runde anstelle der 25 Lm die beiden Teile mit einer festen Masche miteinander verbinden.

Großes Ei

Genauso arbeiten, nur anstelle der 25 Lm 35 Lm arbeiten.

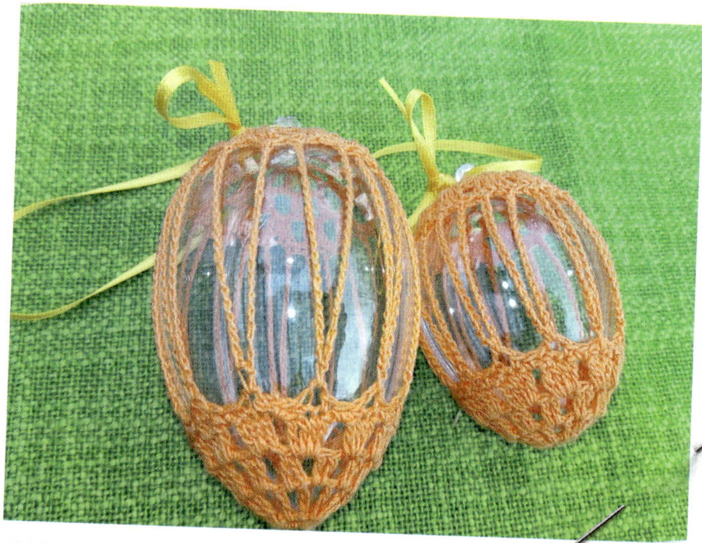

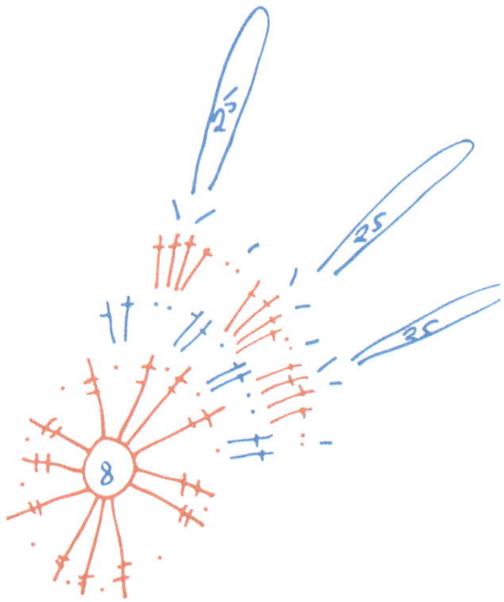

Oberer Teil

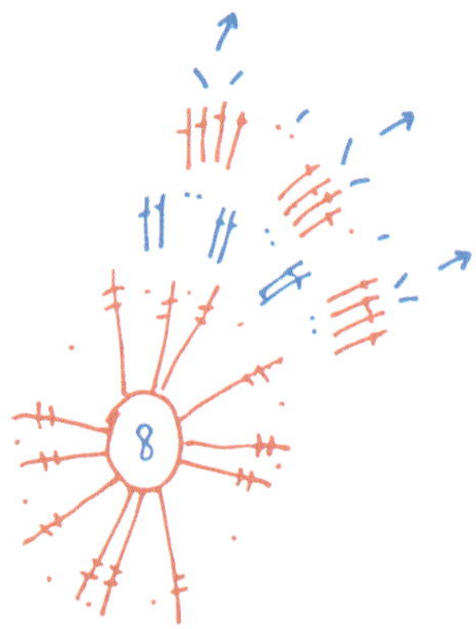

Unterer Teil

Rote Eier

Zwei Teile häkeln.
8 Lm, mit 1 Km zu einem Ring schließen, (3 DStb, 3 Lm) 8 x in den Ring häkeln, 8 x 4 Stb um die 3 Lm der Vorrunde, 1 Lm.
Auf die 4 Stb: 1 fM, 1 hStb, 1 Stb, 1 Dstb, 2 Lm, 1 DStb, 1 Stb, 1 hStb, 1 fM. 1 fM in die Lm.
Auf die 2 Lm: 1 fM, 8 Lm
Mittig auf die 8 Lm: 1 fM, 9 Lm.
Zuletzt das zweite Häkelteil mit dem ersten verbinden.

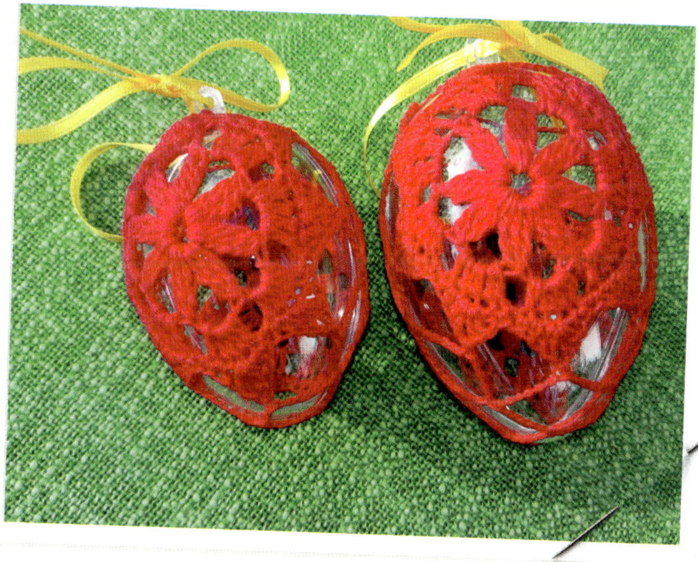

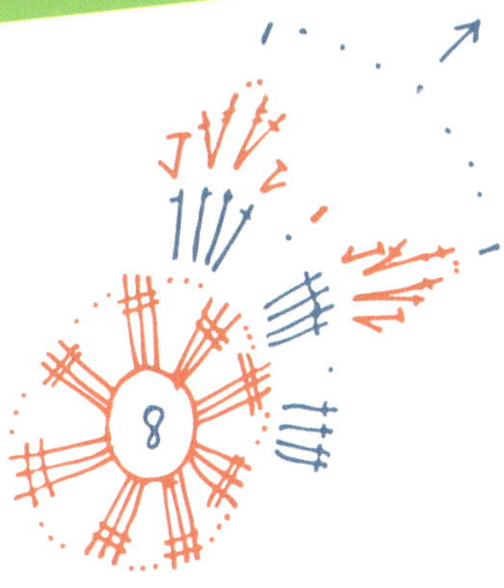

Kleines Ei

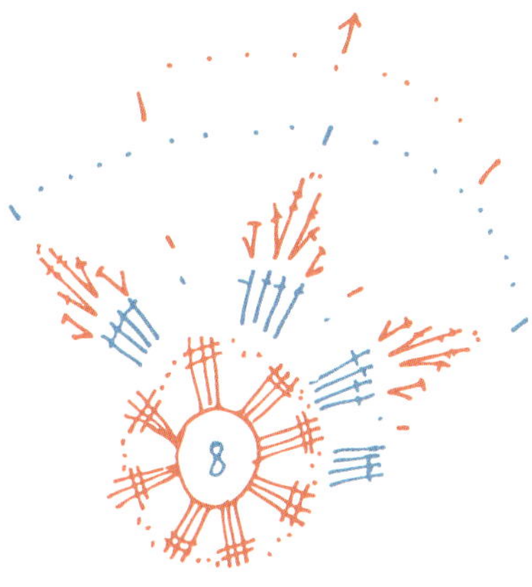

Großes Ei

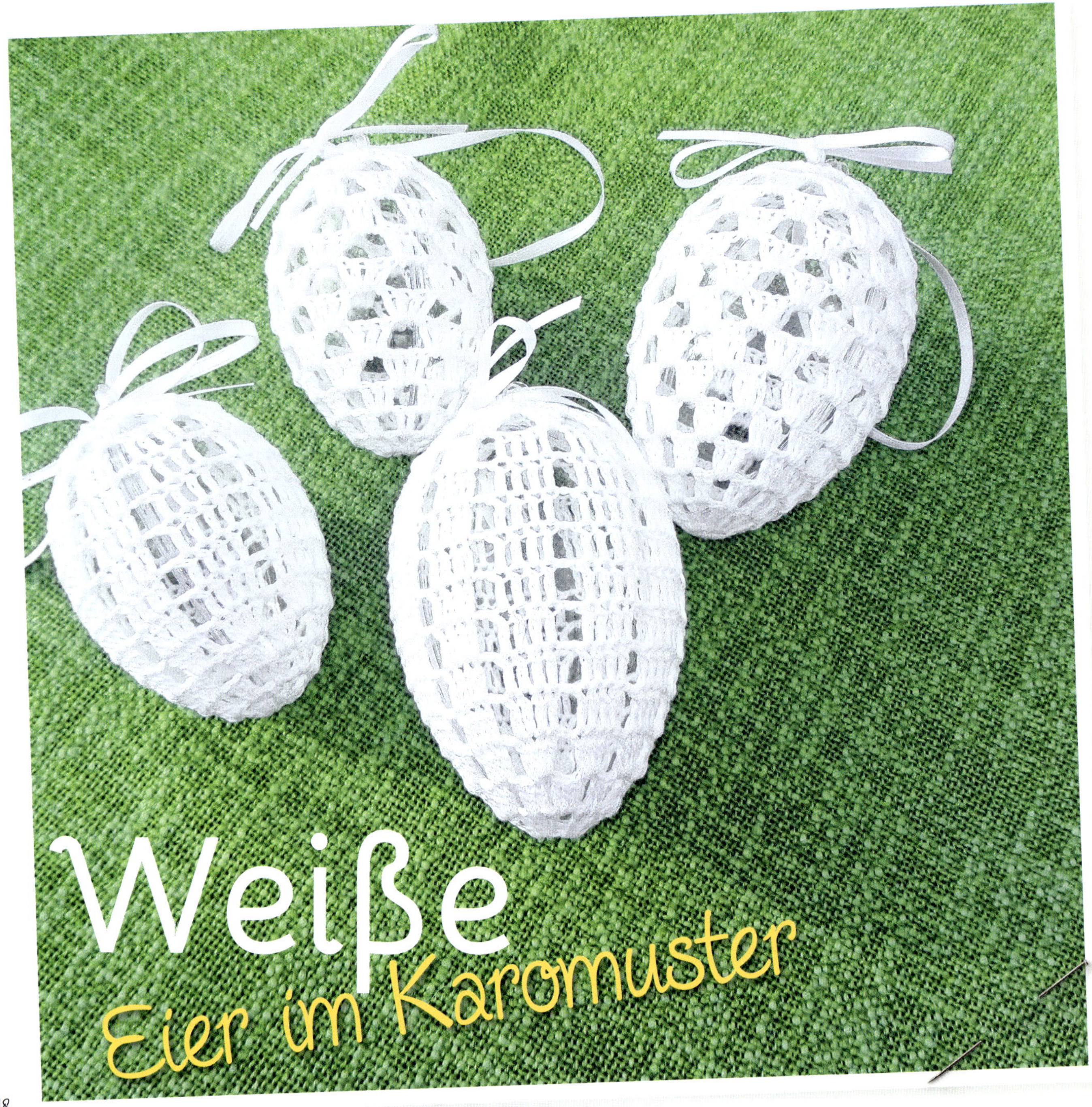
Weiße
Eier im Karomuster

Grundaufbau

Der Grundaufbau ist für alle vier großen und kleinen Eier gleich, allerdings unterscheiden sich die 4 Muster mit den 7 bzw. 9 Musterreihen.

Anfang und Ende werden immer gleich gehäkelt. 8 Lm, mit 1 Km zu einem Ring schließen.

Runde C: Für das große Ei: (1 Stb, 2 Lm) 12-mal

Runde C: Für das kleine Ei: (1 Stb, 2 Lm) 9-mal

Runde B: auf jedes Stäbchen: 1 Stb, 1 Lm, 1 Stb, 1 Lm, bis zum Rundenende wiederholen.

Runde A: auf jedes Stäbchen: 1 Stb, 2 Lm, bis zum Rundenende wiederholen.

Dann folgt das jeweilige Muster.

Runde A

Runde B

Ende: 9 x 2 Stb zusammen abmaschen, die Öffnung evtl. noch mit ein paar Km verkleinern.

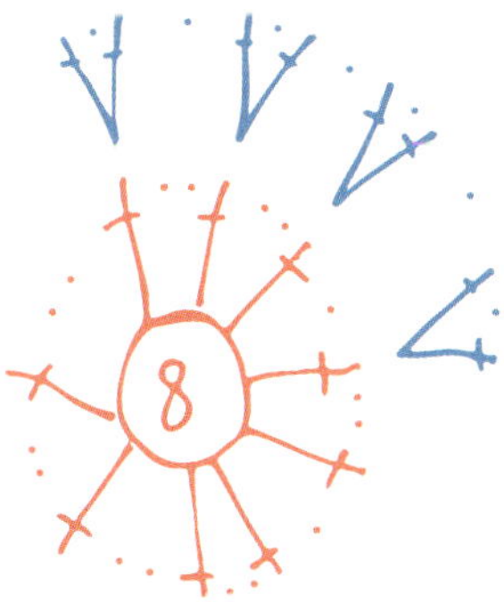

Anfang kleines Ei

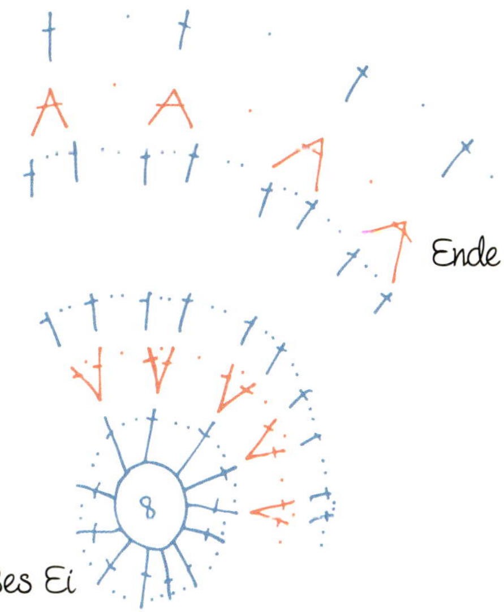

Anfang großes Ei

Muster 1

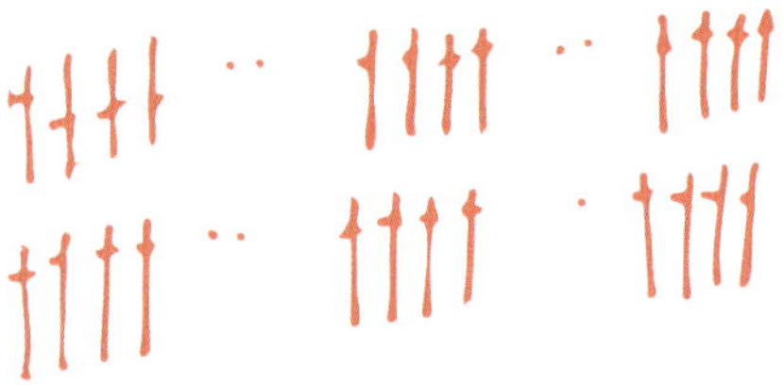

Muster 2

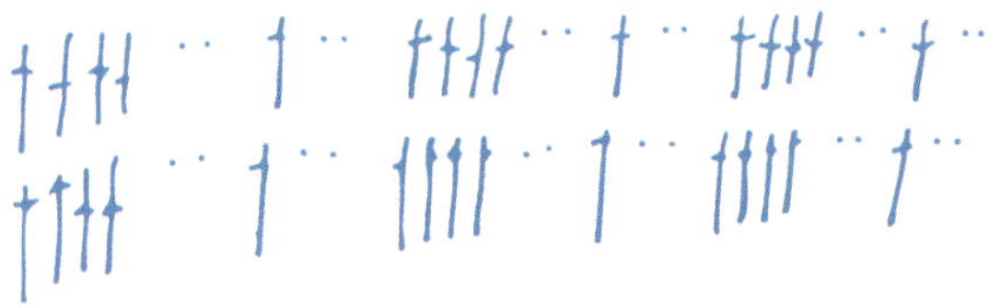

Muster 3: kleines Ei

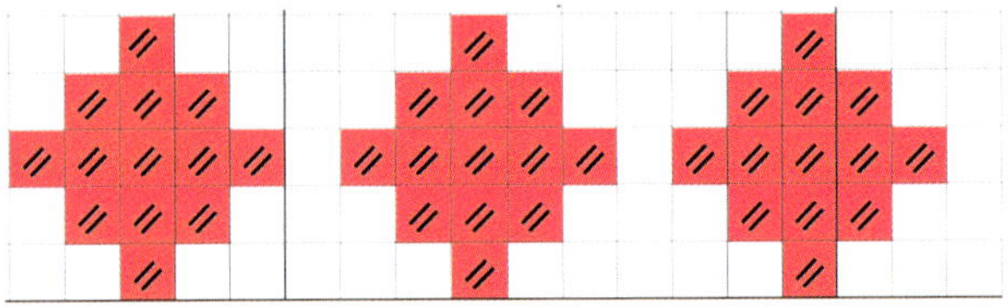

Muster3: großes Ei

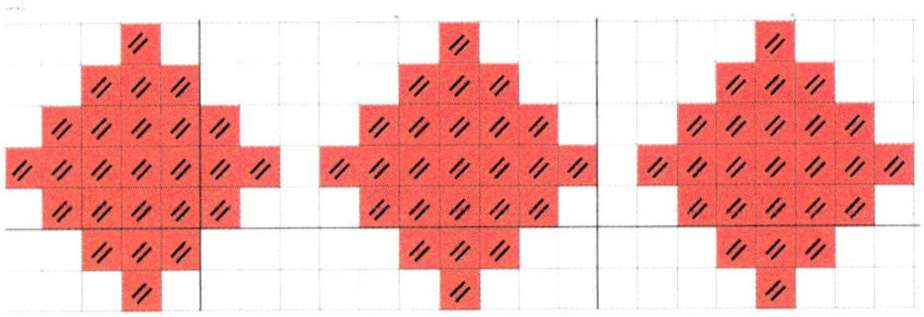

Muster 4: kleines Ei

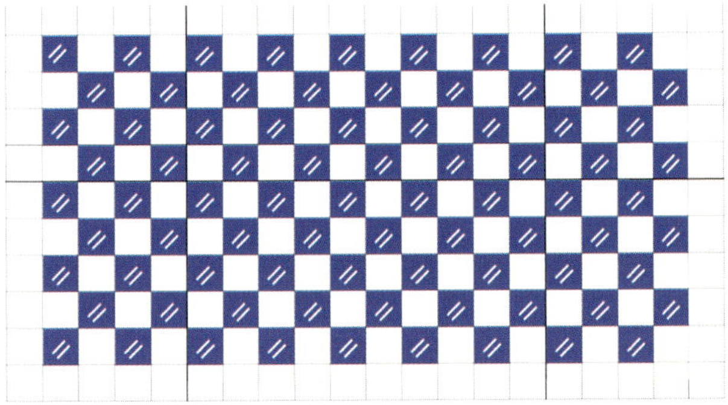

Muster 4: großes Ei

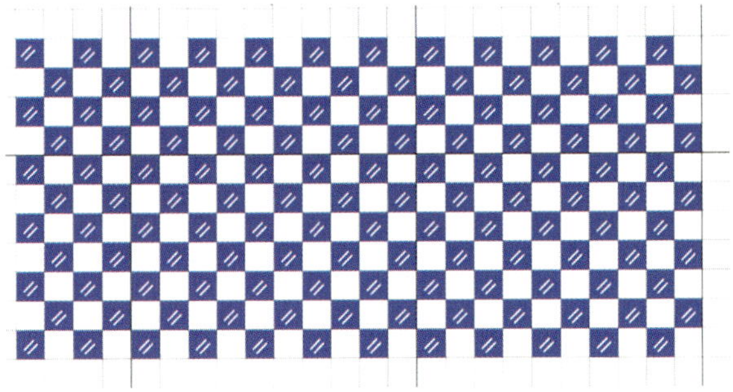

Blüte:

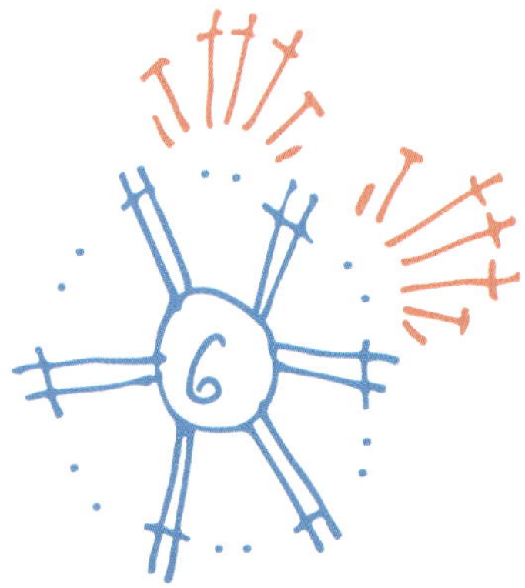

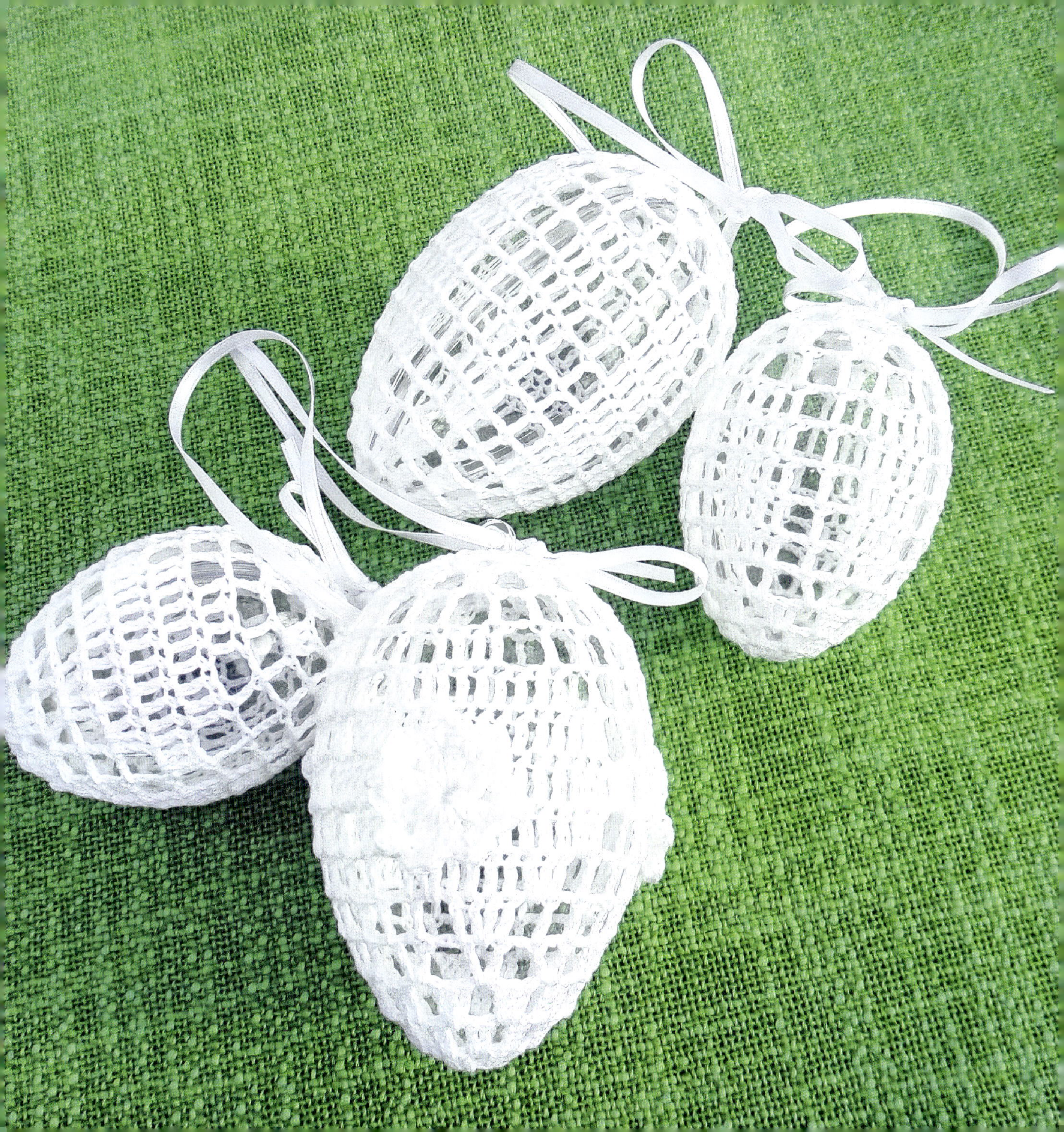

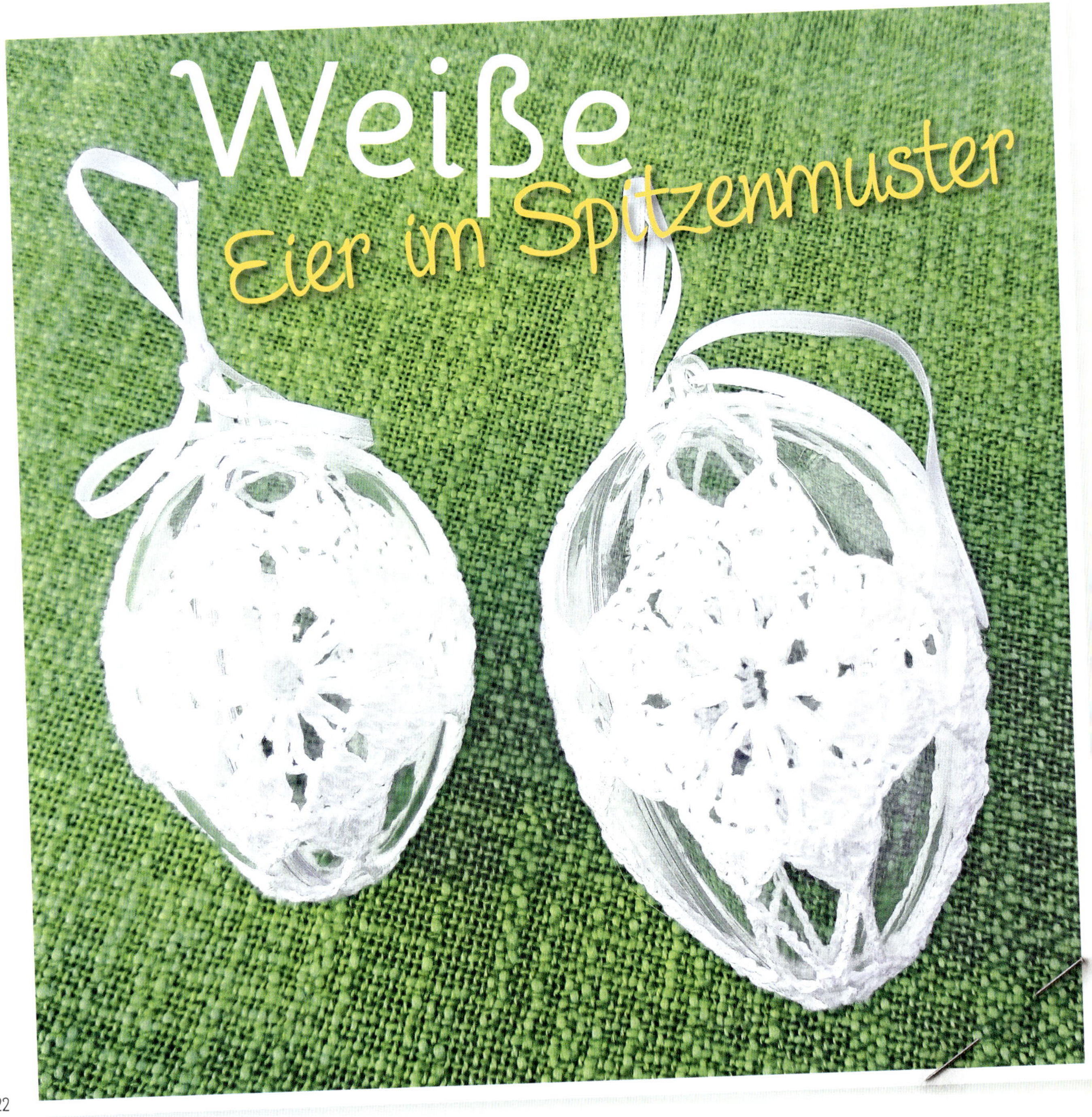
Weiße
Eier im Spitzenmuster

Einen Streifen mit zwei Blüten für das kleine Ei oder mit drei Blüten für das große Ei häkeln. Das kleine Ei wird mit 9 Mustersätzen, das große mit 12 Mustersätzen gehäkelt.
Die roten Pfeile zeigen die Verbindung der Blüten. Die blauen Pfeile die Verbindung zur Außenkappe des Eies. Zuerst den Mittelstreifen arbeiten, dann mit den jeweiligen Außenkappen abschließen.

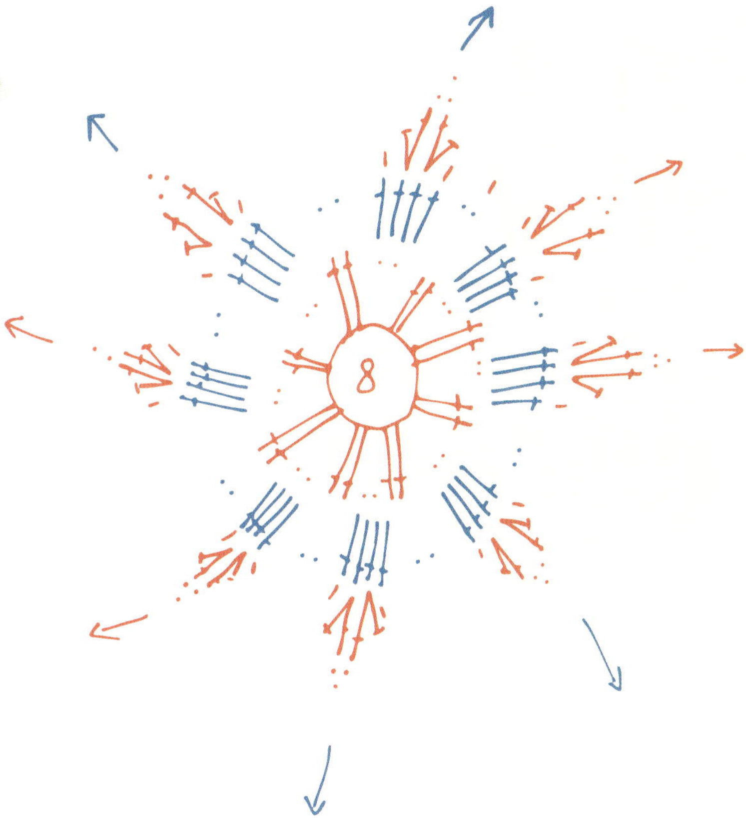

↗ = mit „Polkappen" verbinden
↗ = Mittelstreifen

Großes Ei

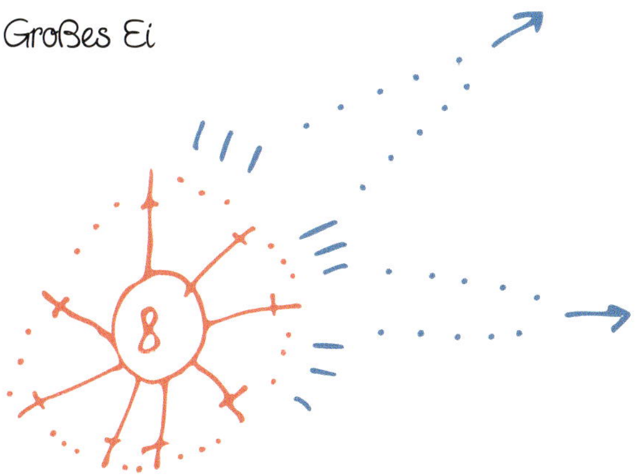

Kleines Ei

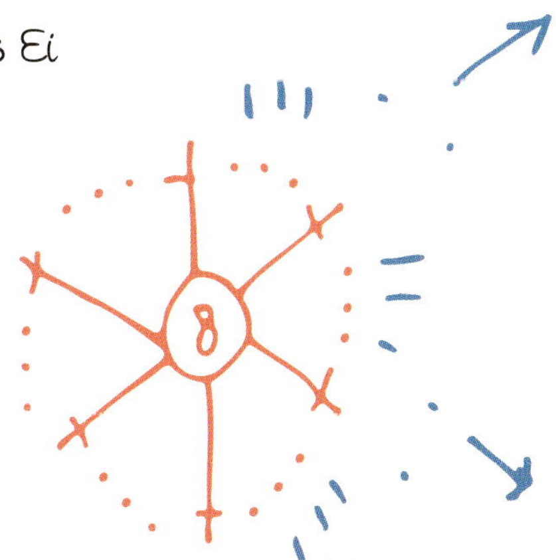

Eier mit Gabelstäbchen

Für das große Ei:
10 Mustersätze.
Für das kleine Ei:
8 Mustersätze.

Der untere Teil wird wie beim großen Ei gehäkelt, der obere Teil wird bereits nach der dritten Runde, also vor den Gabelstäbchen, mit dem unteren Teil verbunden.

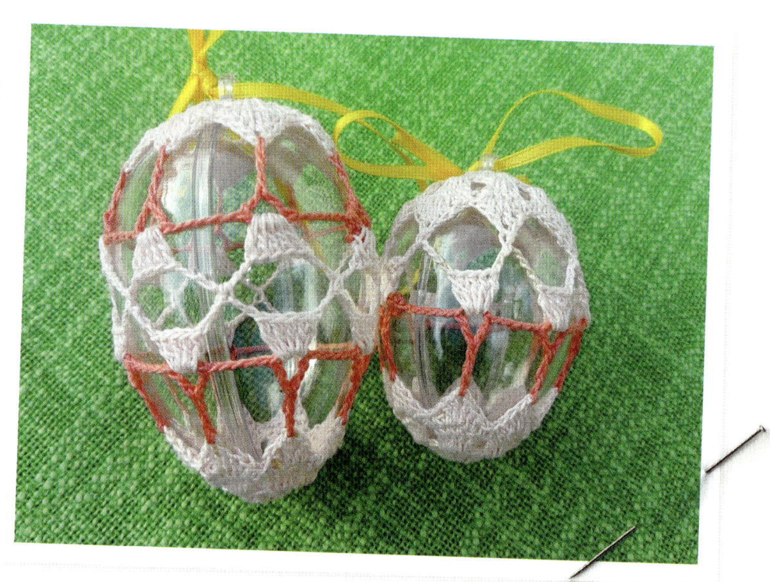

Großes Ei mit Gabelstäbchen

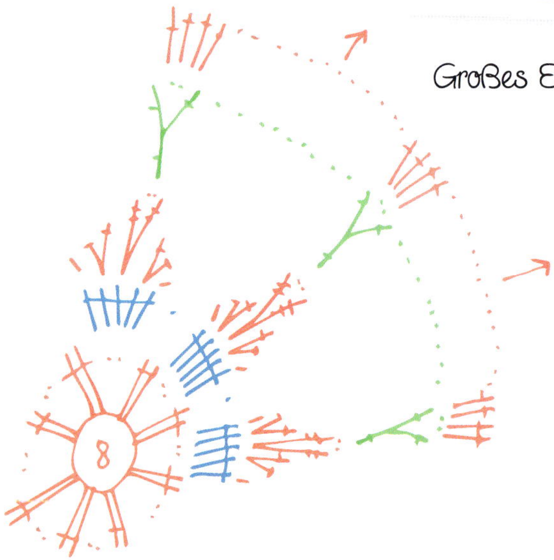

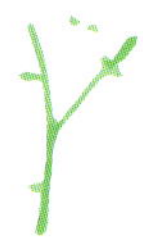

= Wie DStb beginnen, 1 Umschlag abhäkeln, 2 Lm, 1 Stb in die Mitte des Doppelstäbchens setzen.

Eier mit Schlingenhäkelei

Anstelle der üblichen Luftmaschen eine ca. 1 cm lange Schlinge ziehen, wie eine Luftmasche. Diese Schlinge wie eine normale Luftmasche abhäkeln, daran eine übliche Luftmasche zum Fixieren anschließen.

Laut Muster häkeln: 1 fM, 1 „Schlingenmasche", 1 Lm, 1 fM, 1 „Schlingenmasche", 1 Lm, 1 fM, 1 „Schlingenmasche", 1 fM, 1 Lm, 1 fM.

Das kleine Ei laut Zeichnung arbeiten.

Für das Große Ei in der vorletzten Runde anstelle der 5 Lm, die abgebildet sind, 8 Lm arbeiten, in der letzten Runde analog dazu nicht die gezeichneten 5 fM häkeln, sondern 8 fM.

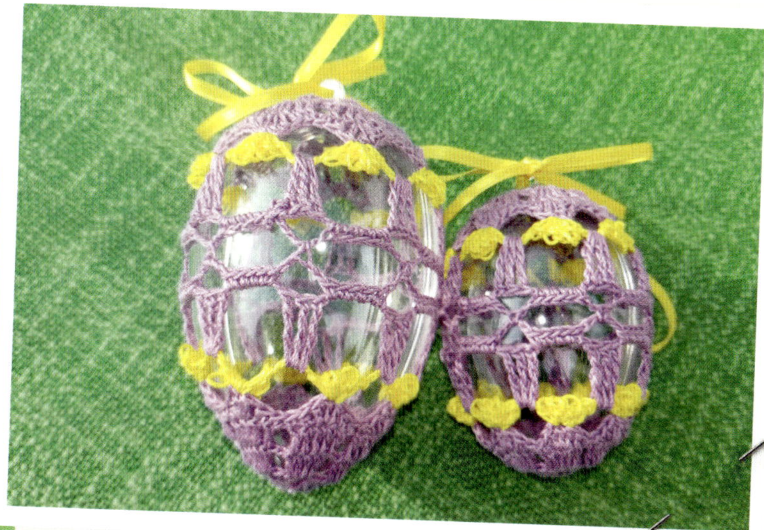

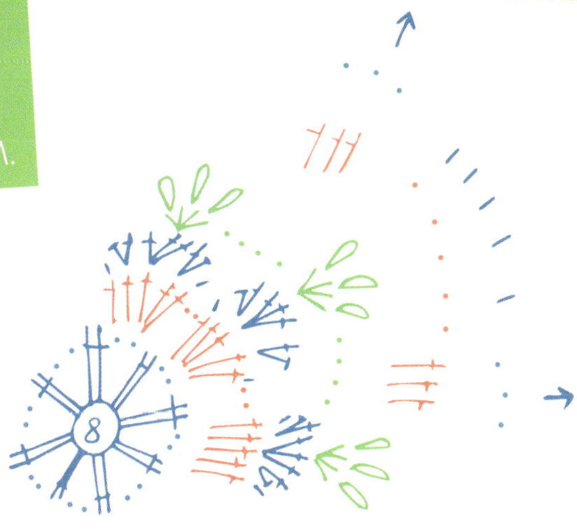

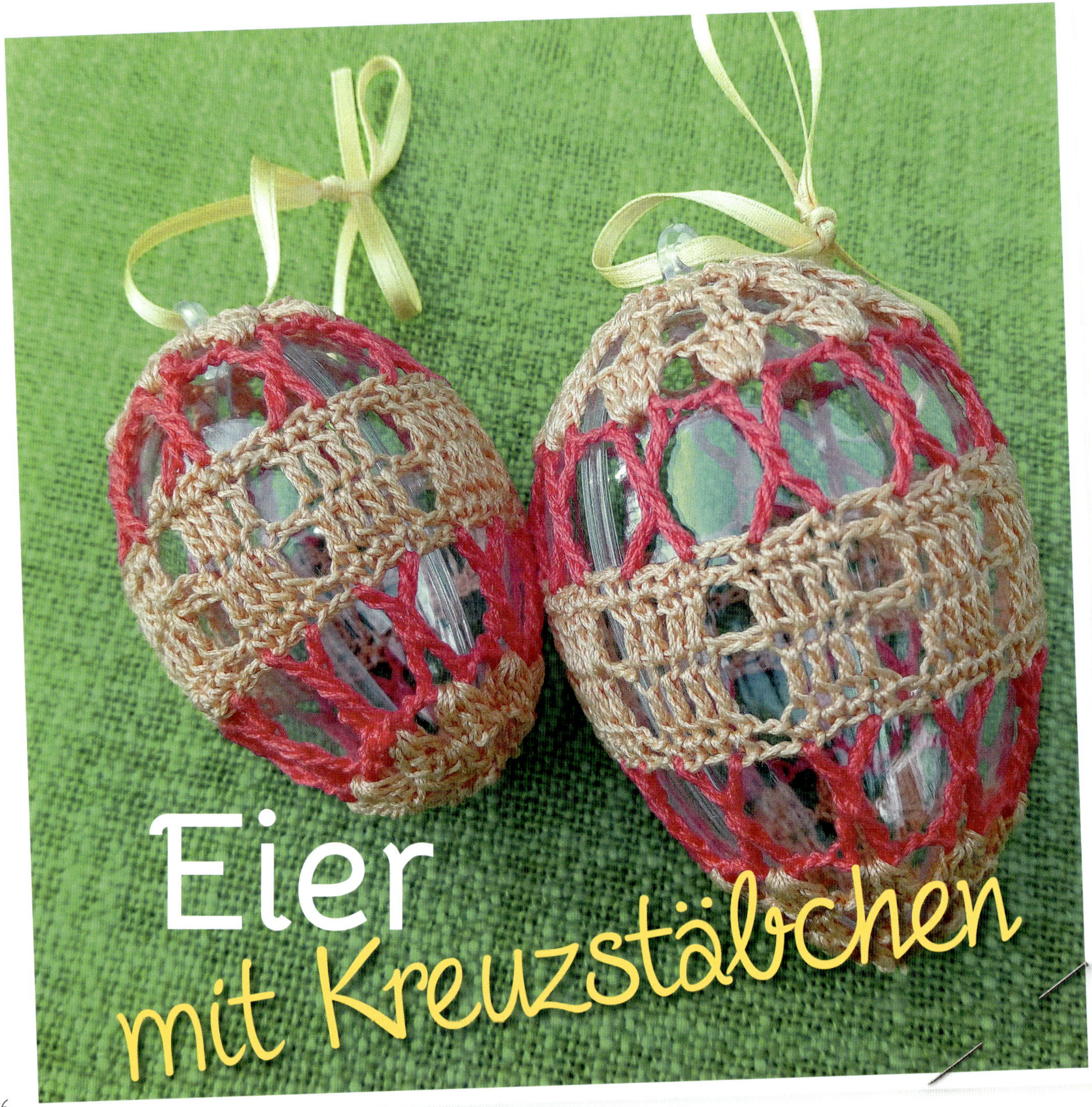

Eier mit Kreuzstäbchen

Die Arbeit beginnt in der Mitte mit 60 bzw. 72 (nicht allzu festen) Luftmaschen. Sie endet an den „Polen des Eies", evtl. die Pole mit Kettmaschen schließen oder noch enger zusammenhäkeln.

Kreuzstäbchen:

- 2 Umschläge wie für 1 Doppelstäbchen
- In die Masche einstechen, 1 Umschlag durch 2 Schlingen ziehen, auf etwa halber Höhe
- Ein neuer Umschlag, in die übernächste Masche stechen für das zweite untere Fußteil, das Stäbchen wie üblich fertigstellen.
- 2 Luftmaschen
- 1 Umschlag, ein Stäbchen in den Kreuzungspunkt häkeln.
- Mit zwei Luftmaschen zum nächsten Kreuzstäbchen weitergehen.

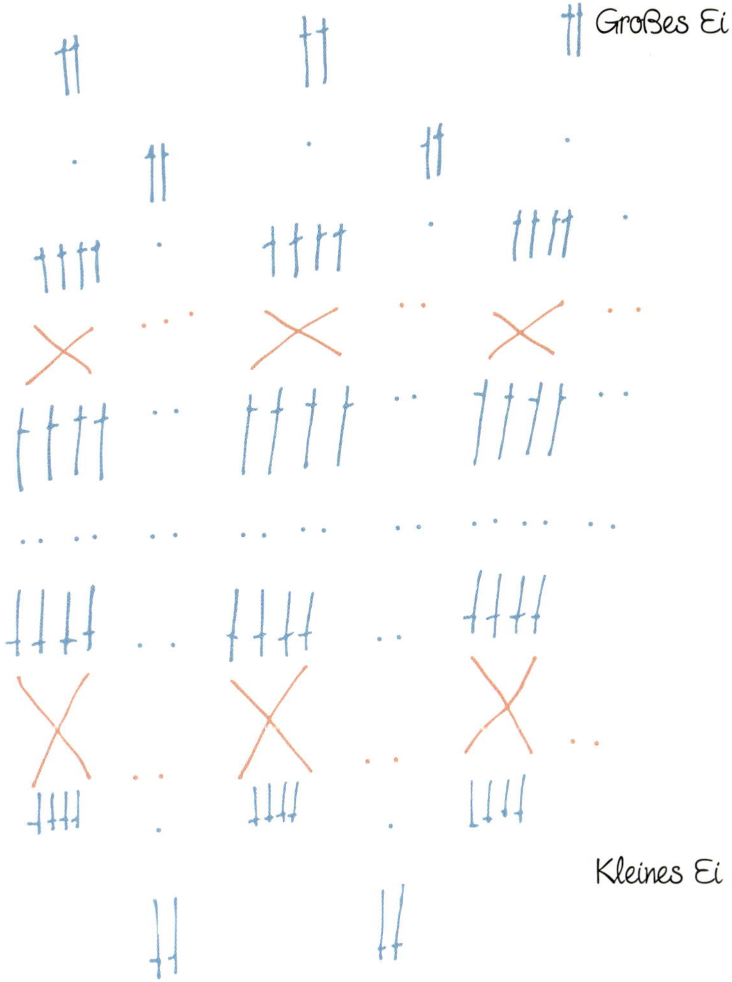

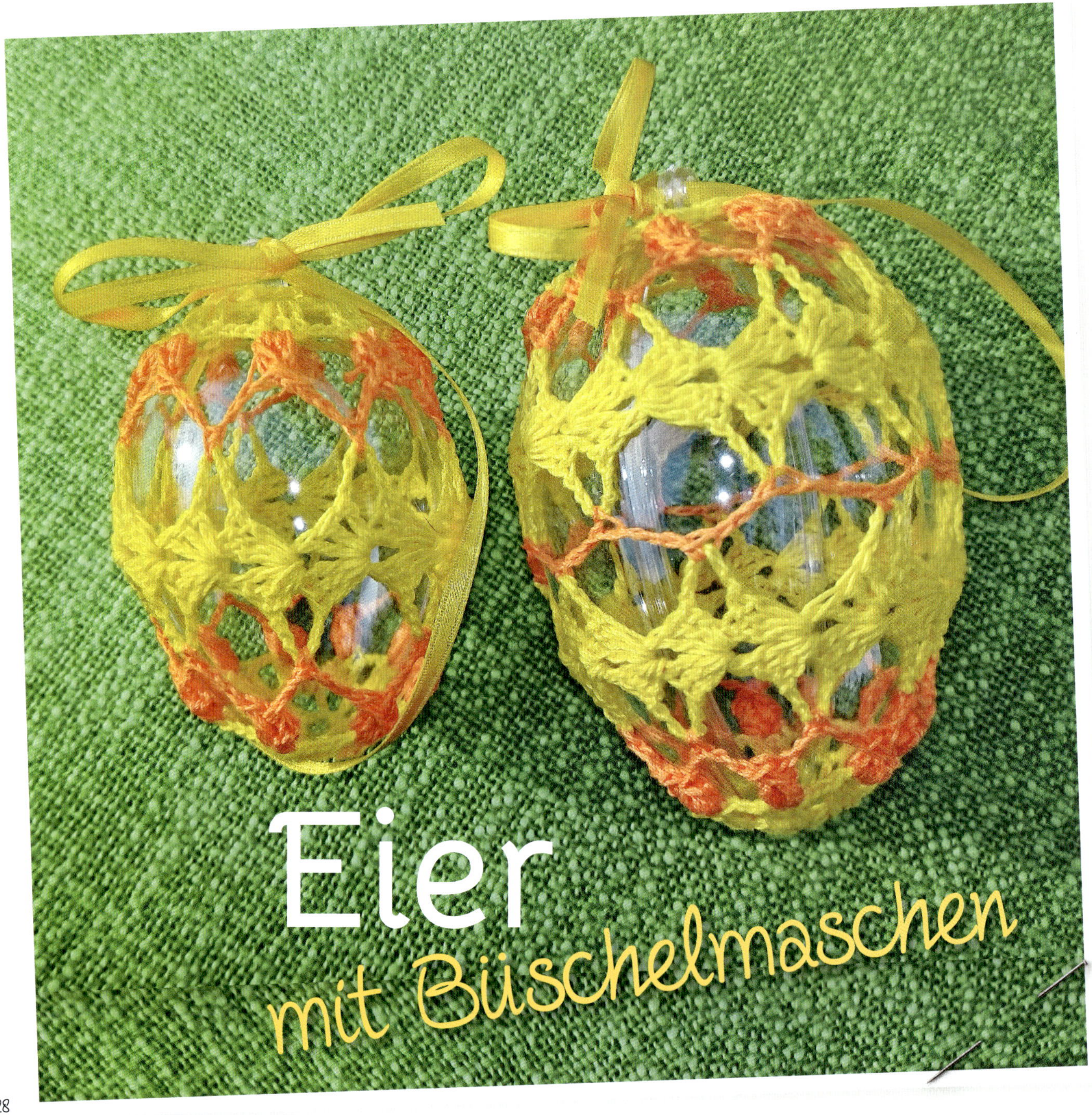

Eier mit Büschelmaschen

Für die Büschelmaschen: 6 DStb, dabei immer nur einen Umschlag abarbeiten, sodass am Ende 7 Schlingen auf der Häkelnadel sind. Diese gemeinsam abmaschen und eine etwas längere Schlinge herausziehen. Die Nadel herausnehmen und ins erste und letzte Stb einstechen, die Schlinge dazunehmen, sie wieder festziehen und alles gemeinsam abmaschen.

Für das kleine Ei: 8 Mustersätze laut Musterzeichnung arbeiten, die Büschelmaschen von unten und von oben aus mit dem Mittelband verbinden (3 Lm, verbinden, 3 Lm).

Für das große Ei: 10 Mustersätze, das Mittelband zweimal arbeiten und die zwei Teile mit 4 Lm verbinden.

1. Mittelband

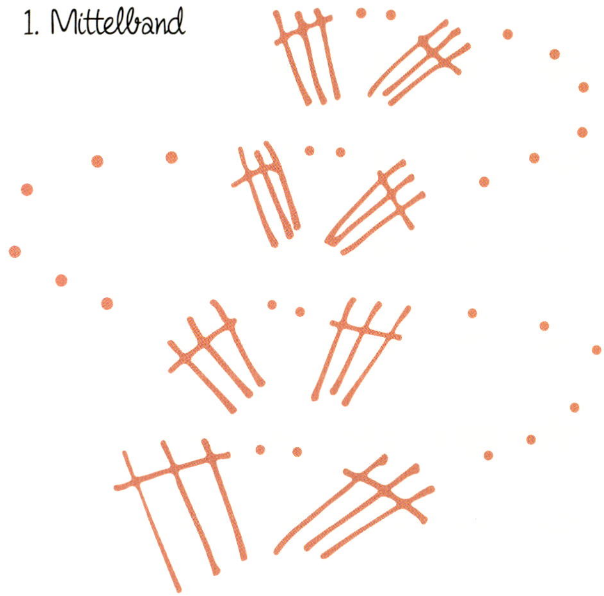

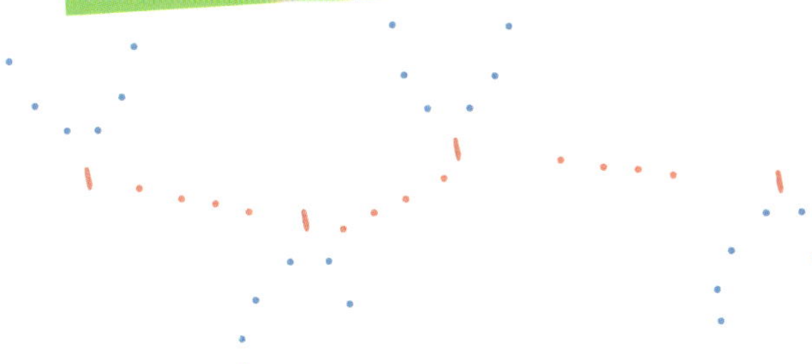

2. Verbindung, Schlingenbänder nur großes Ei

3. Mittelband anschlingen

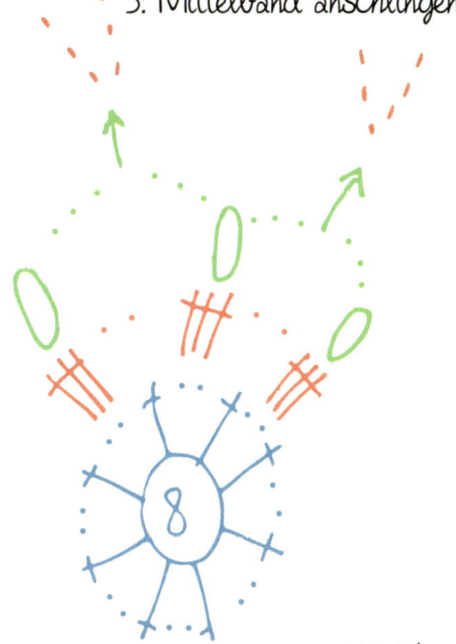

Brügger Band

Für das kleine Ei 20 Reihen/10 Schlingen häkeln.

Für das große Ei 24 Reihen/12 Schlingen häkeln.

Das Mittelband und jeweils die Anfangsrunde beim oberen und unteren Teil in Hellblau häkeln, den Rest in Dunkelblau.

Brügger Band:

Das Band besteht immer aus 4 Stb und 6 Wlm.

Es wird einfach oder doppelt – dabei werden die Luftmaschenketten miteinander verbunden – gearbeitet.

Der Name leitet sich von den optisch sehr ähnlichen Spitzen ab, welche in Brügge produziert wurden.

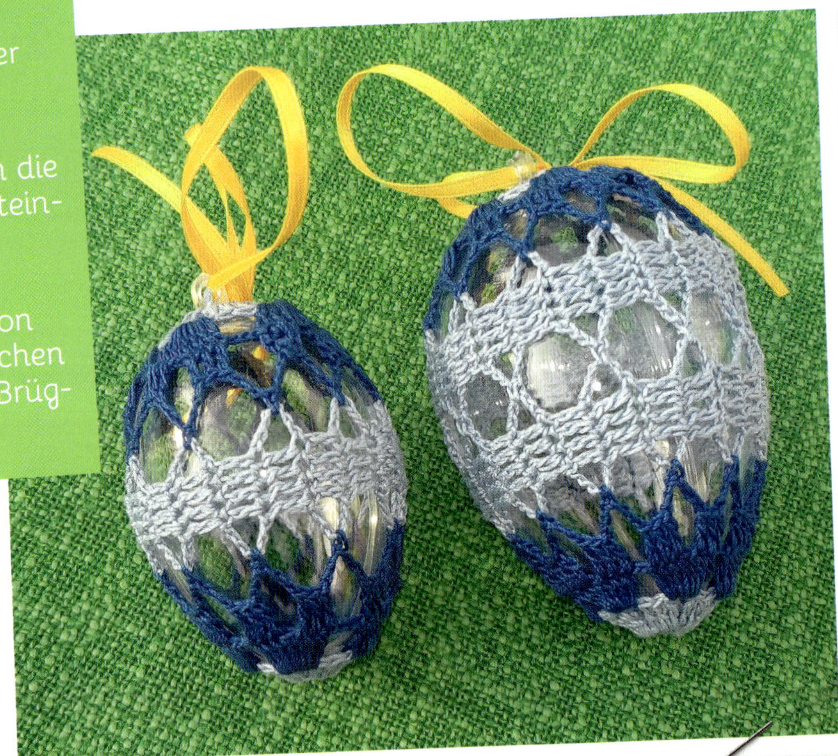

(6) oder ····· = gleich

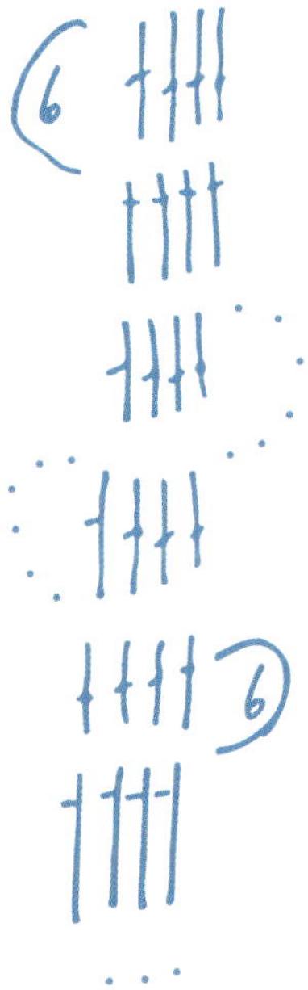

Einfaches Band

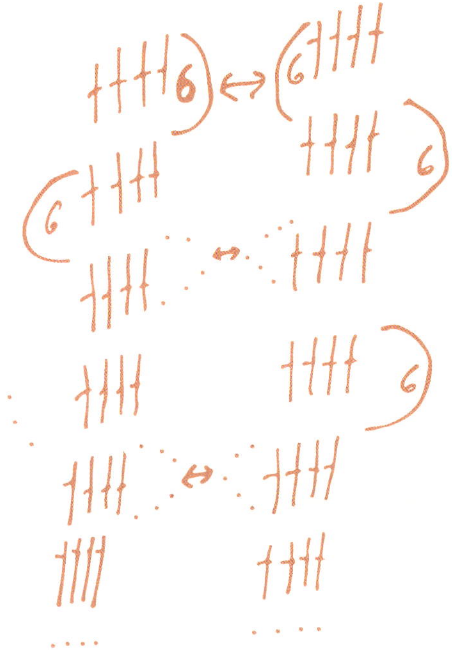

Doppeltes Band

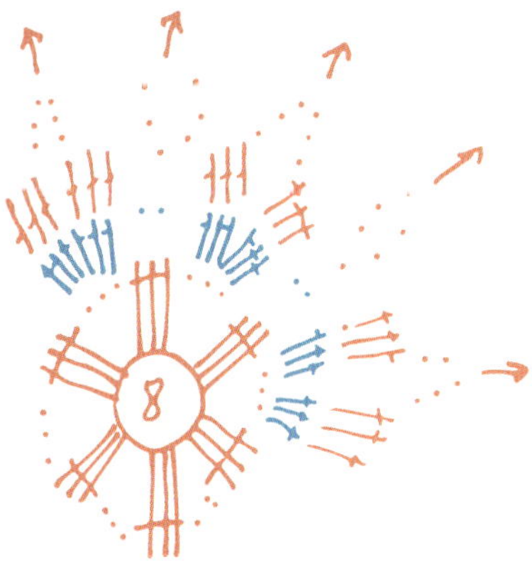

Anfang & Ende großes Ei

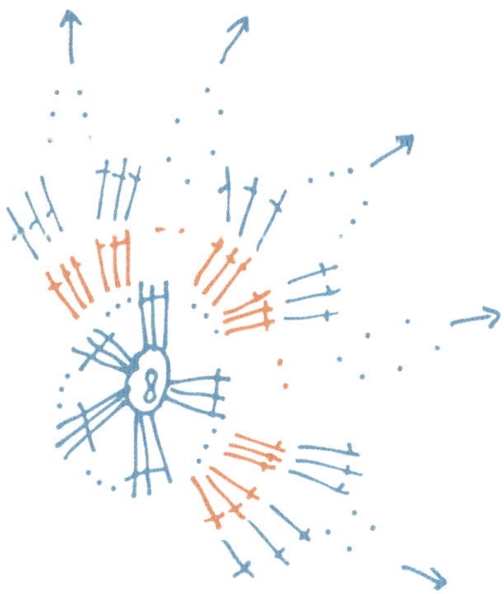

Anfang & Ende kleines Ei

Eier in Filettechnik

Zuerst das Band arbeiten:
Für das kleine Ei:
17 Lm + 3 Wlm häkeln
Für das große Ei:
23 Lm + 3 Wlm häkeln.

Die nächsten Schritte nach der Zeichnung häkeln und das Band umhäkeln.

Die Blüte um die Stb bzw. Lm in der Bandmitte in Kontrastfarbe häkeln (siehe Zeichnung).

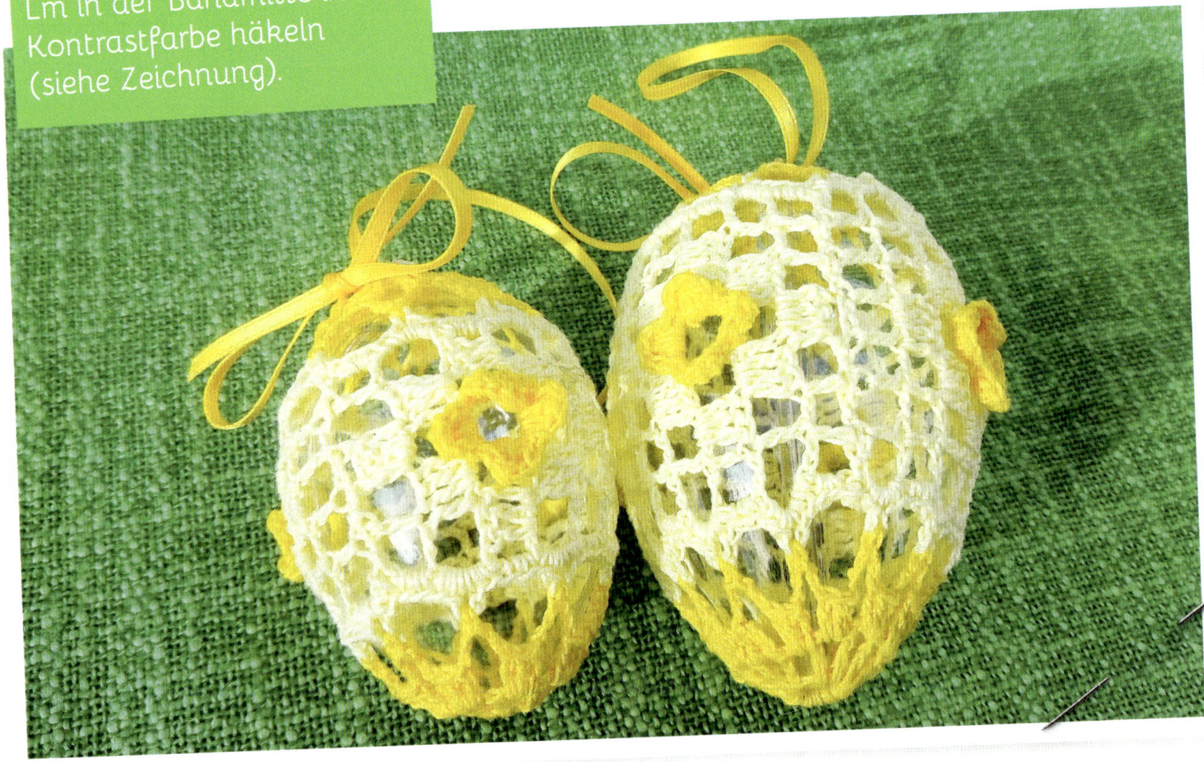

Anfang kleines Filet-Ei

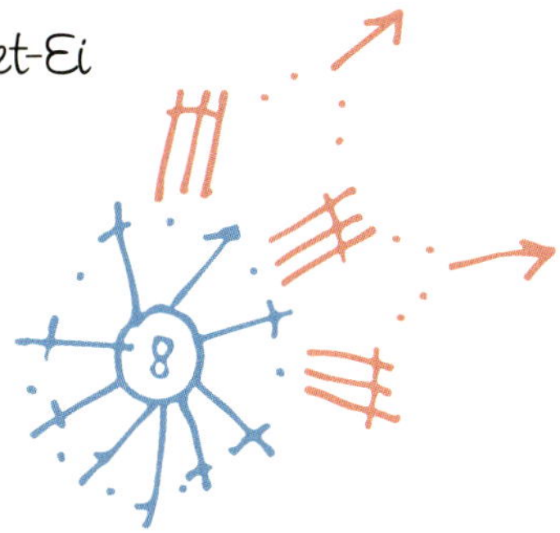

Anfang großes Filet-Ei

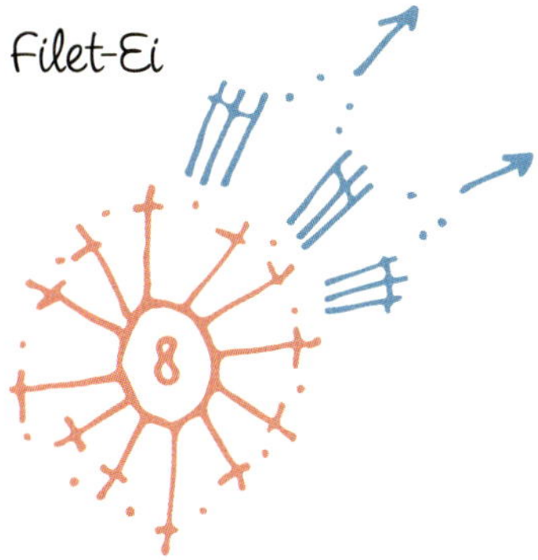

Band kleines Filet-Ei

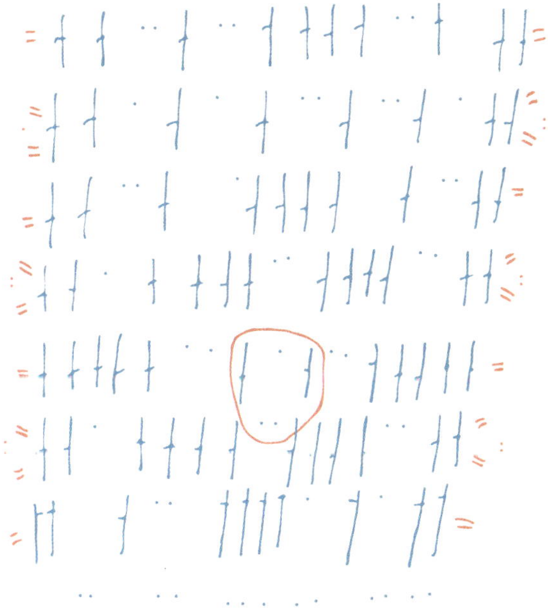

Band großes Filet-Ei

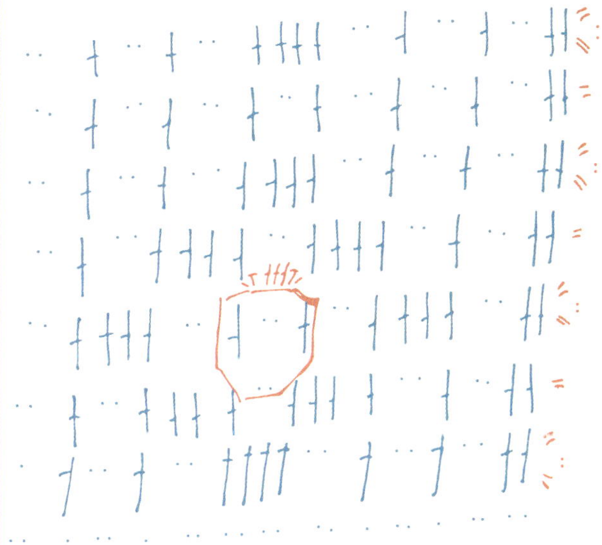

Roter Rahmen zeigt die aufgehäkelte Blüte

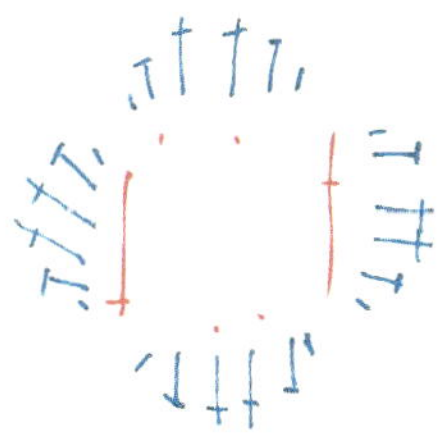 = Blüte

Eier mit Filetstäbchen

(Anleitung gilt für beide Formen)

Es wurde ein ca. 1,5 cm breites Plastiktäbchen verwendet.

Grundlage ist ein rundes (für das rote Ei) oder längliches (für das grüne Ei) Luftmaschenband, 1 fM, Faden holen für die zweite Masche – diesen Faden jedoch von hinten kommend um das Filetstäbchen führen, die Schlinge durchziehen. Am Ende der Reihe oder Runde immer eine zusätzliche feste Masche arbeiten, die die vorhergehende Masche mit der Schlinge fixiert.

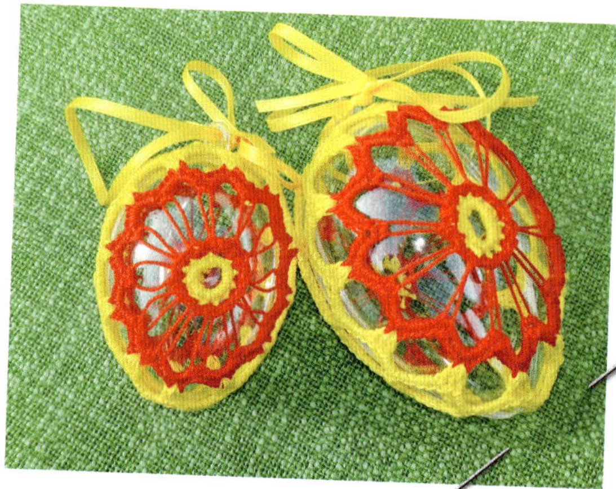

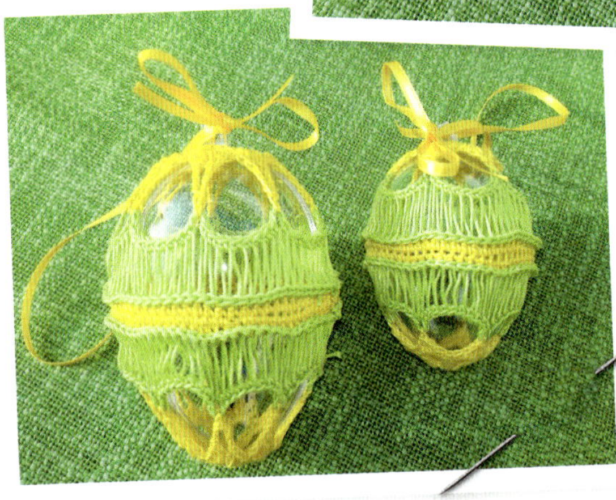

Rundes Muster (rot-gelb)

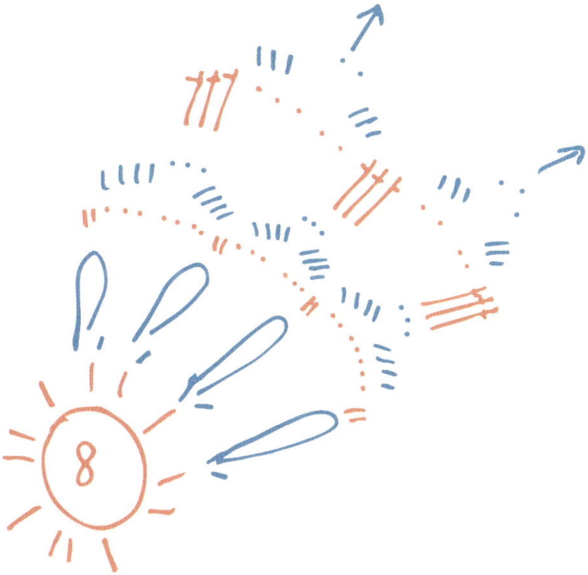

kleines Ei: 6 x 10 fM, 3 lM
60 (72) fM
großes Ei: 9 x 8 fM, 3 lM
60 (72) Schlingen

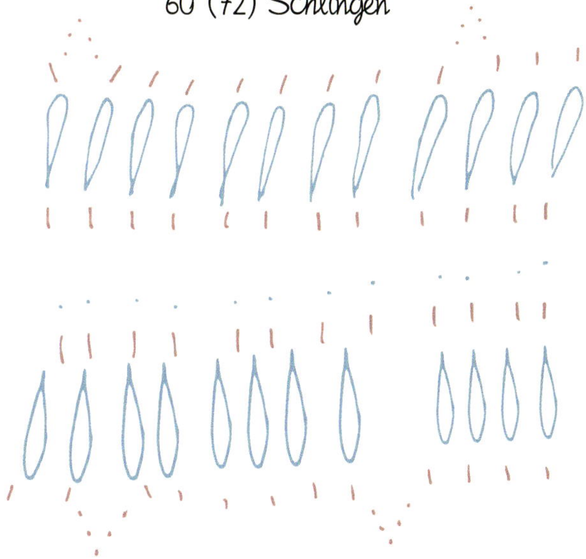

Abschluss der Eier in Gelb-Grün mit Schlingenband

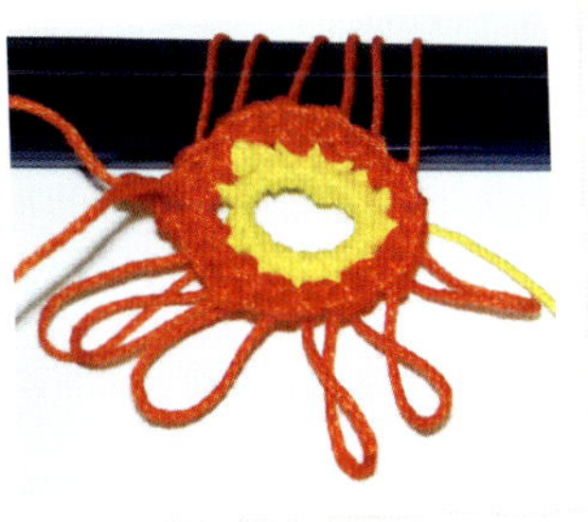

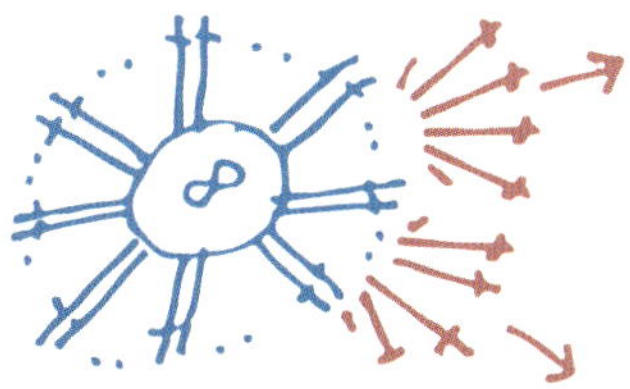

Kleines Ei: 6 Mustersätze

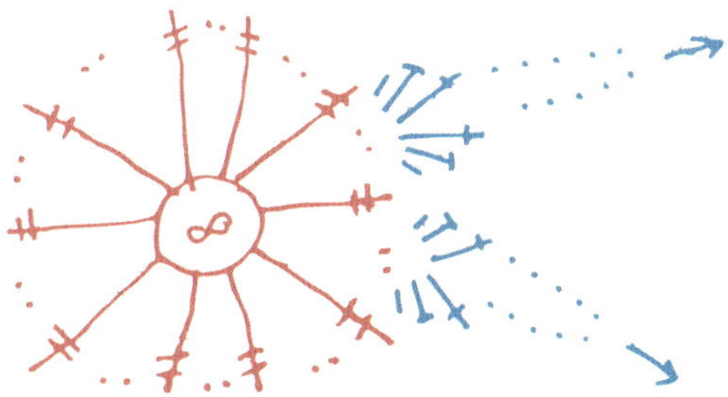

Großes Ei: 9 Mustersätze

Eier mit Gabelhäkelei

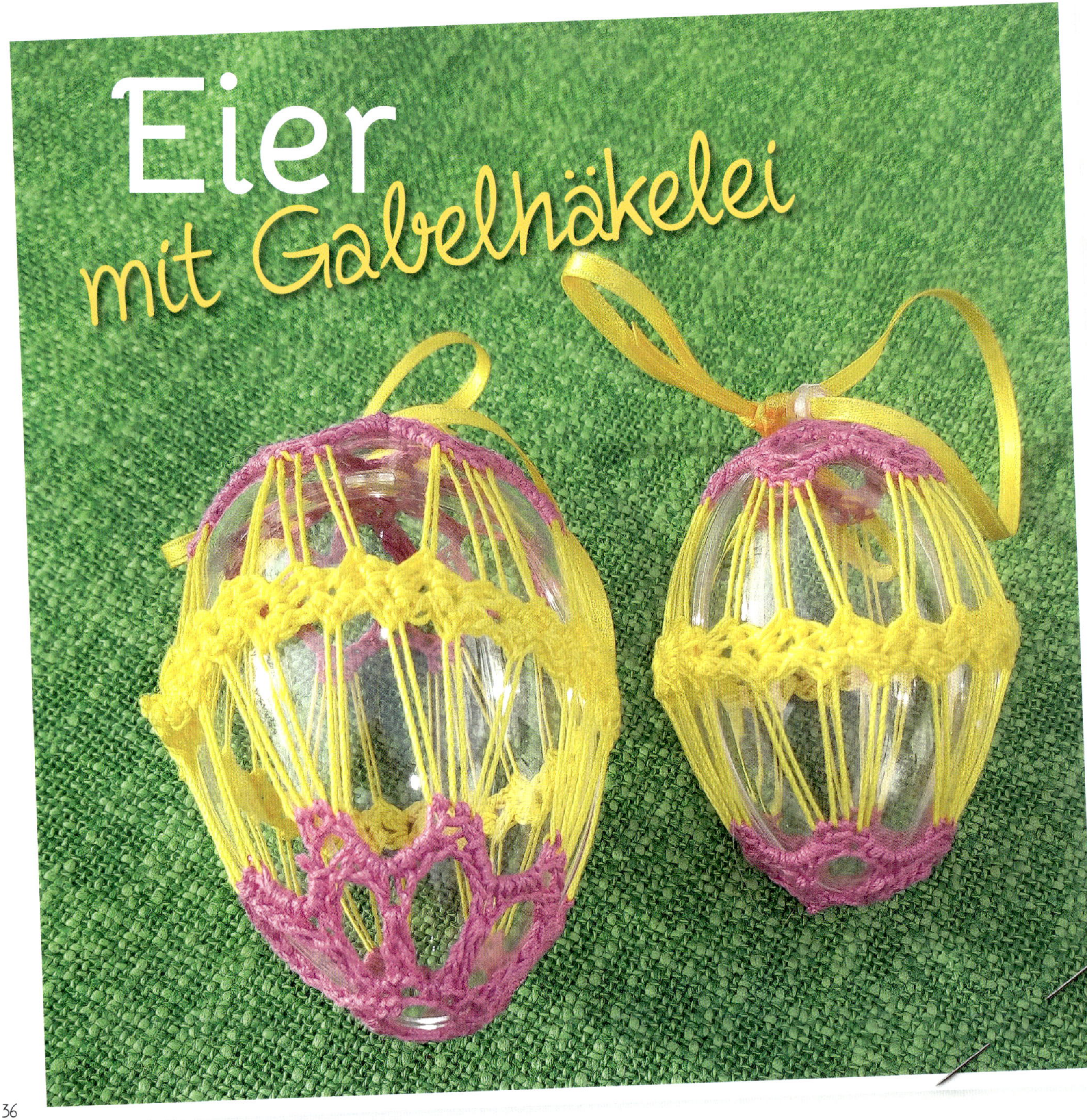

Für die gezeigten Modelle die Gabel auf 4 cm Breite einstellen.

4 Lm und mit einer Km zum Ring schließen. In den Ring 2 fM, 2 Lm, 2 fM häkeln.

Die Häkelarbeit festhalten, den Faden über den linken Gabelarm legen, die Gabel wenden bzw. umdrehen.

Um die Lm-Basis 2 fM, 2 Lm, 2 fM häkeln.

Die Häkelarbeit wieder festhalten, den Faden um den linken Gabelarm legen und die Gabel wenden.

So fortfahren.

Die Häkelarbeit soll in der Mitte der Gabel liegen. Sobald die ersten zwei Reihen fertig sind, geht es besser voran.

Für das kleine Ei auf jeder Seite 18 Schlingen, für das große Ei auf jeder Seite 24 Schlingen arbeiten.

Zuletzt die Schlingen von der Gabel schieben, das mittige Häkelteil zur Runde schließen und die Schlingen laut Häkelschrift umhäkeln. Auch hierbei die Runden schließen.

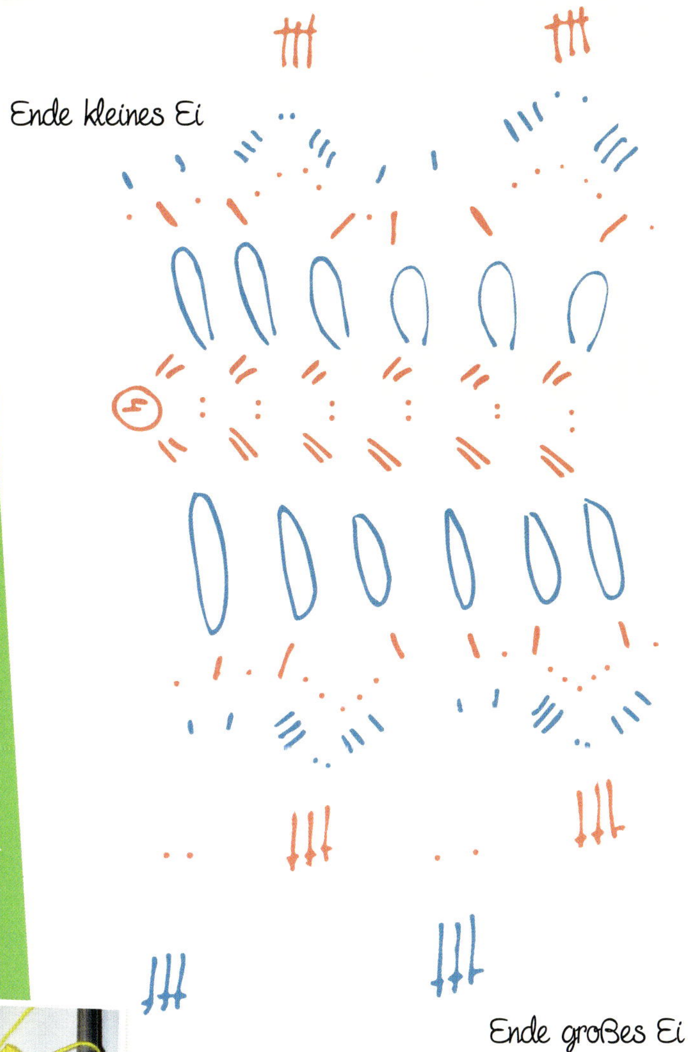

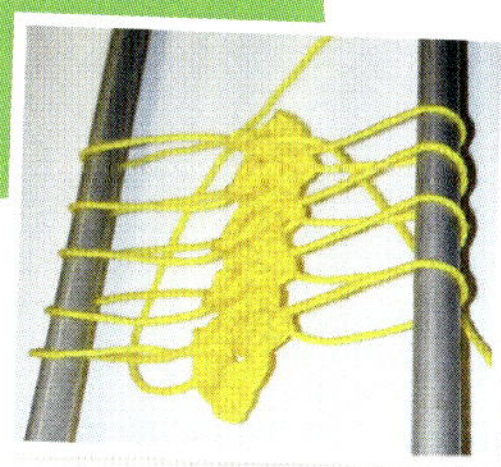

Eier mit Perlen

Die Perlen vor dem Häkeln auf das Garn auffädeln, die jeweils an die Reihe gelangende Perle an die passende Stelle schieben und vor und nach der Perle eine Luftmasche arbeiten, damit sie an der gewünschten Stelle fixiert ist.

Keine Glasschliffperlen verwenden, da diese den Arbeitsfaden meist sehr schnell durchschneiden und abfallen.

Verwendet wurden pro Ei: 2 x 16 Stück = 32 Perlen, 4 mm

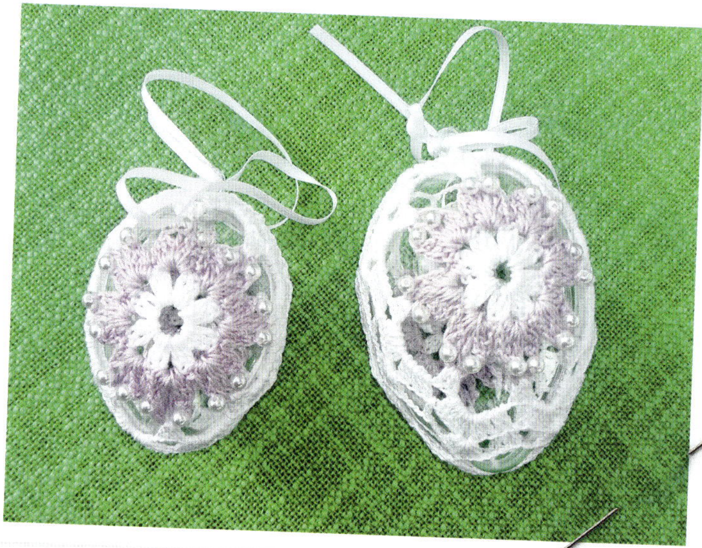

Großes Ei

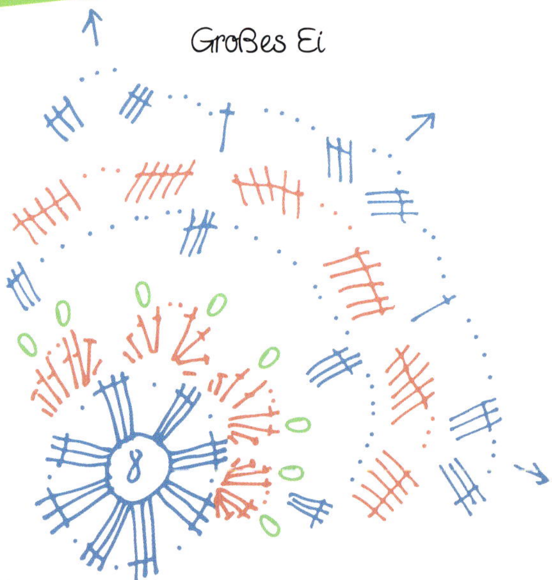

Kleines Ei

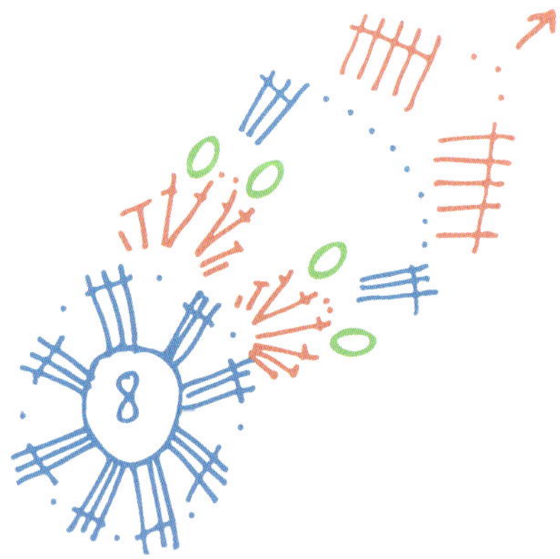

Den Dotter in Gelb arbeiten, die Blütenblätter bunt und den Rest grün häkeln.
Zuerst die Blütenreihe fertigstellen, dann in Grün die beiden Teile für die Ränder arbeiten und bereits während der Arbeit verbinden.

Eier mit Häkelblüten

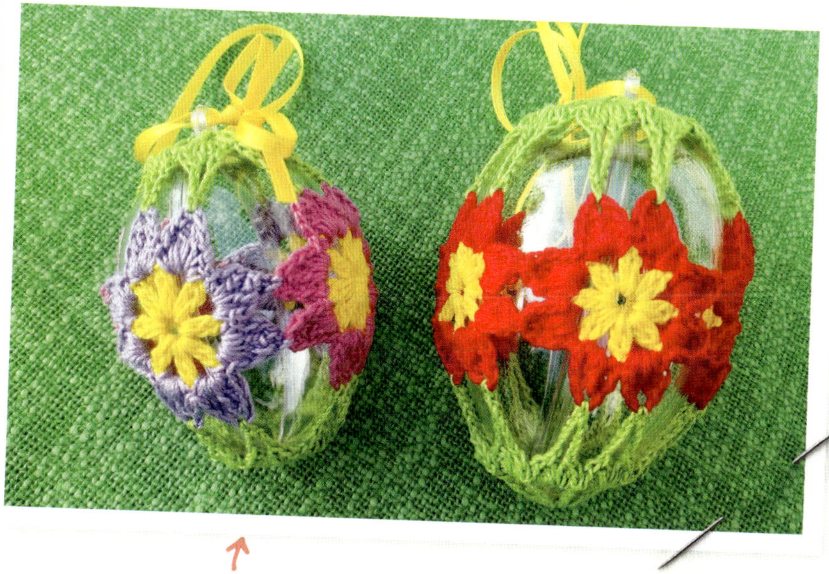

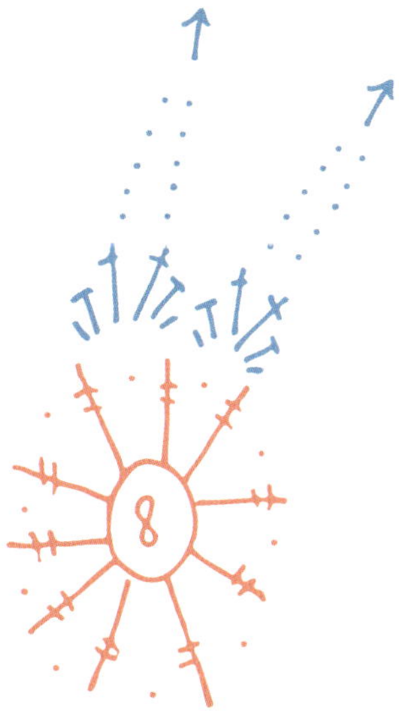

Großes Ei: Anfang/Ende

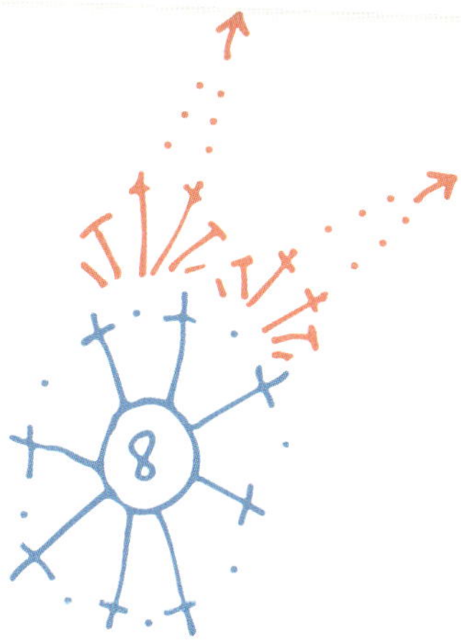

Kleines Ei: Anfang/Ende

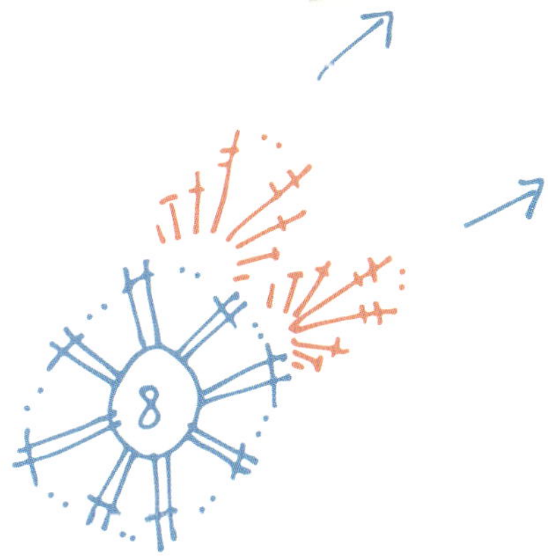

Blüte

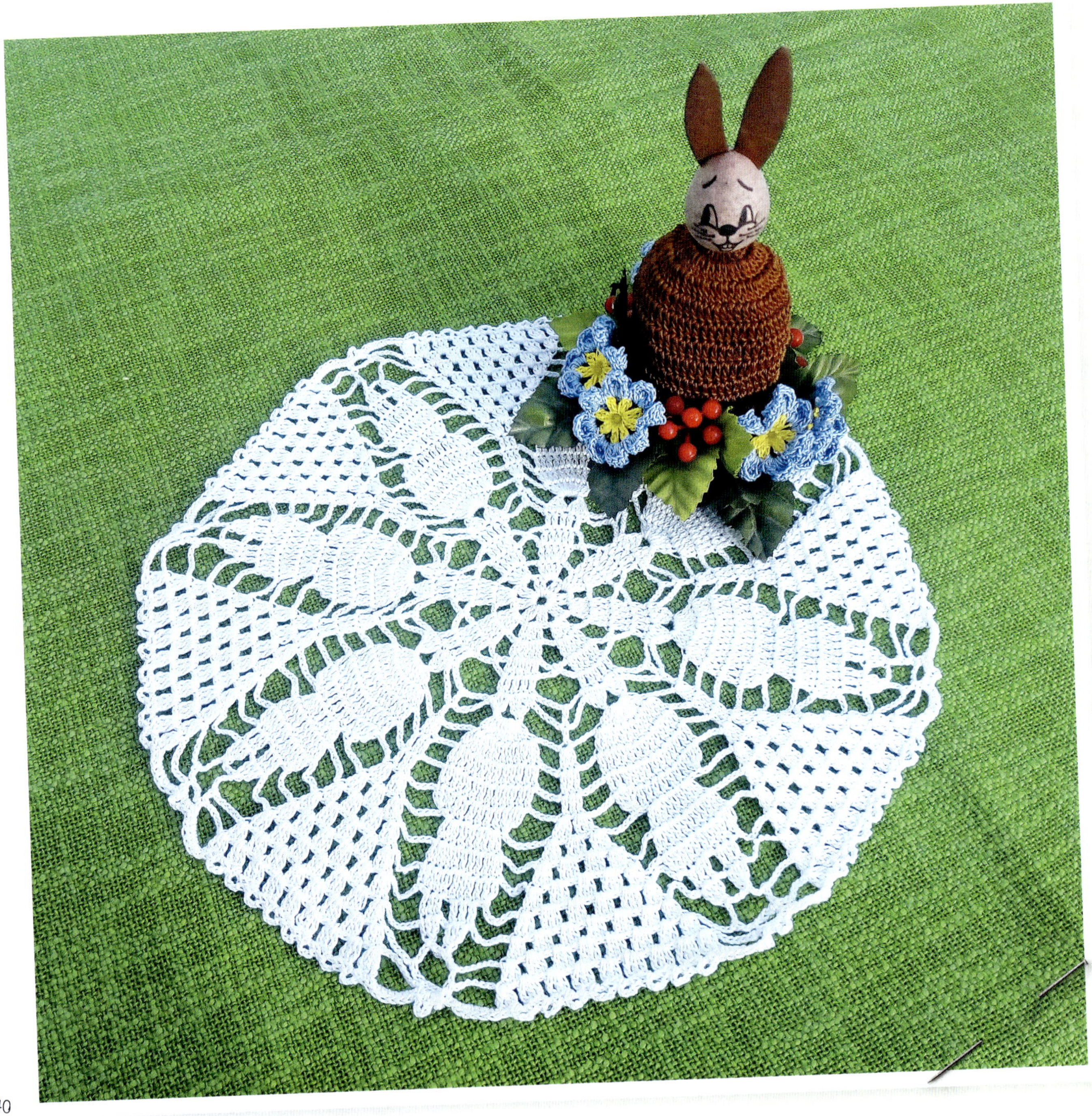

Deckchen mit Osterhase

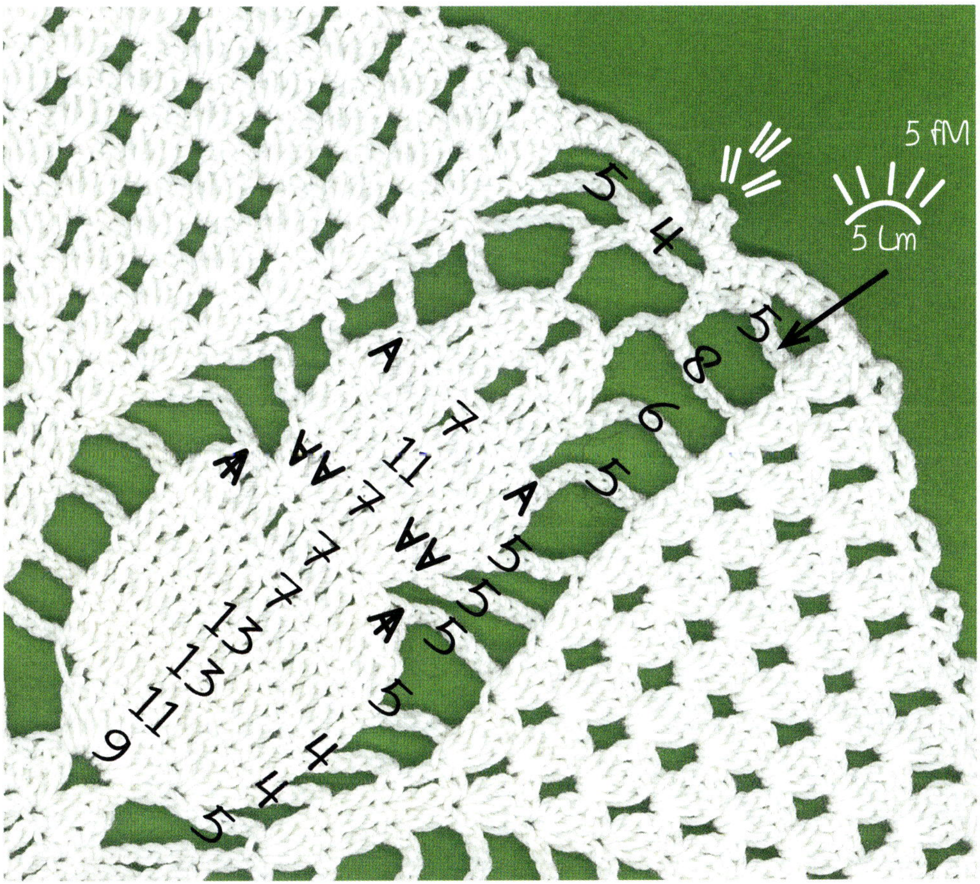

Rest wie Eier

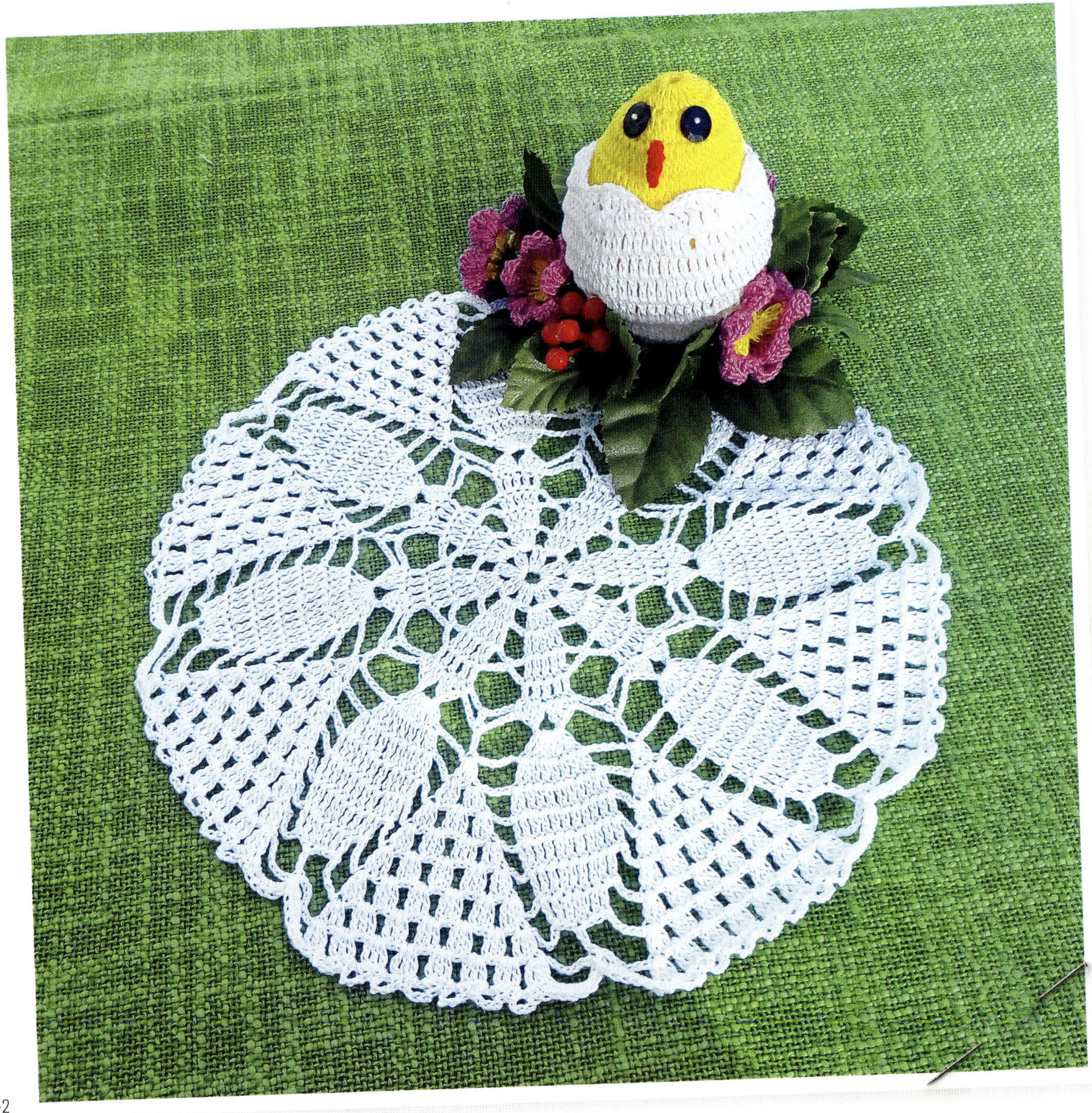

Deckchen mit Ei

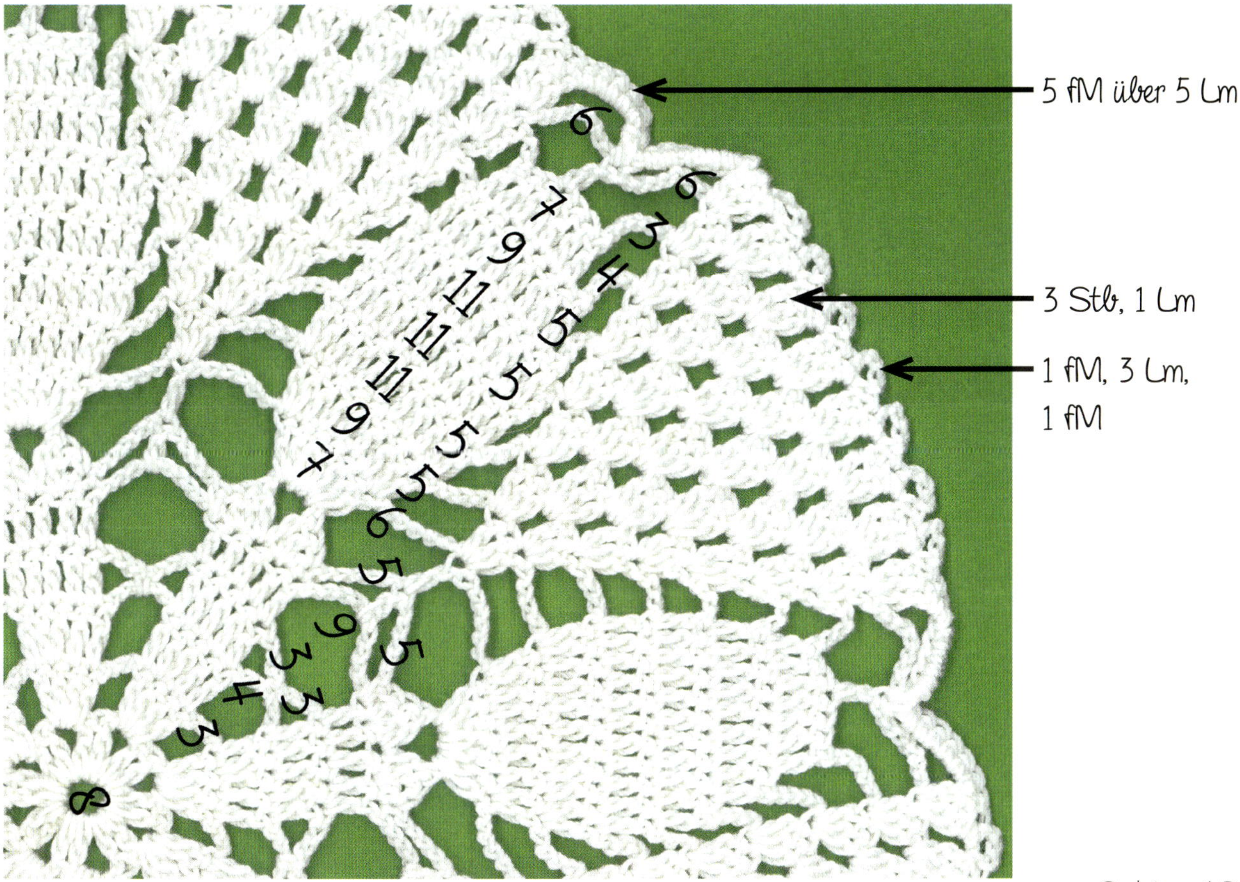

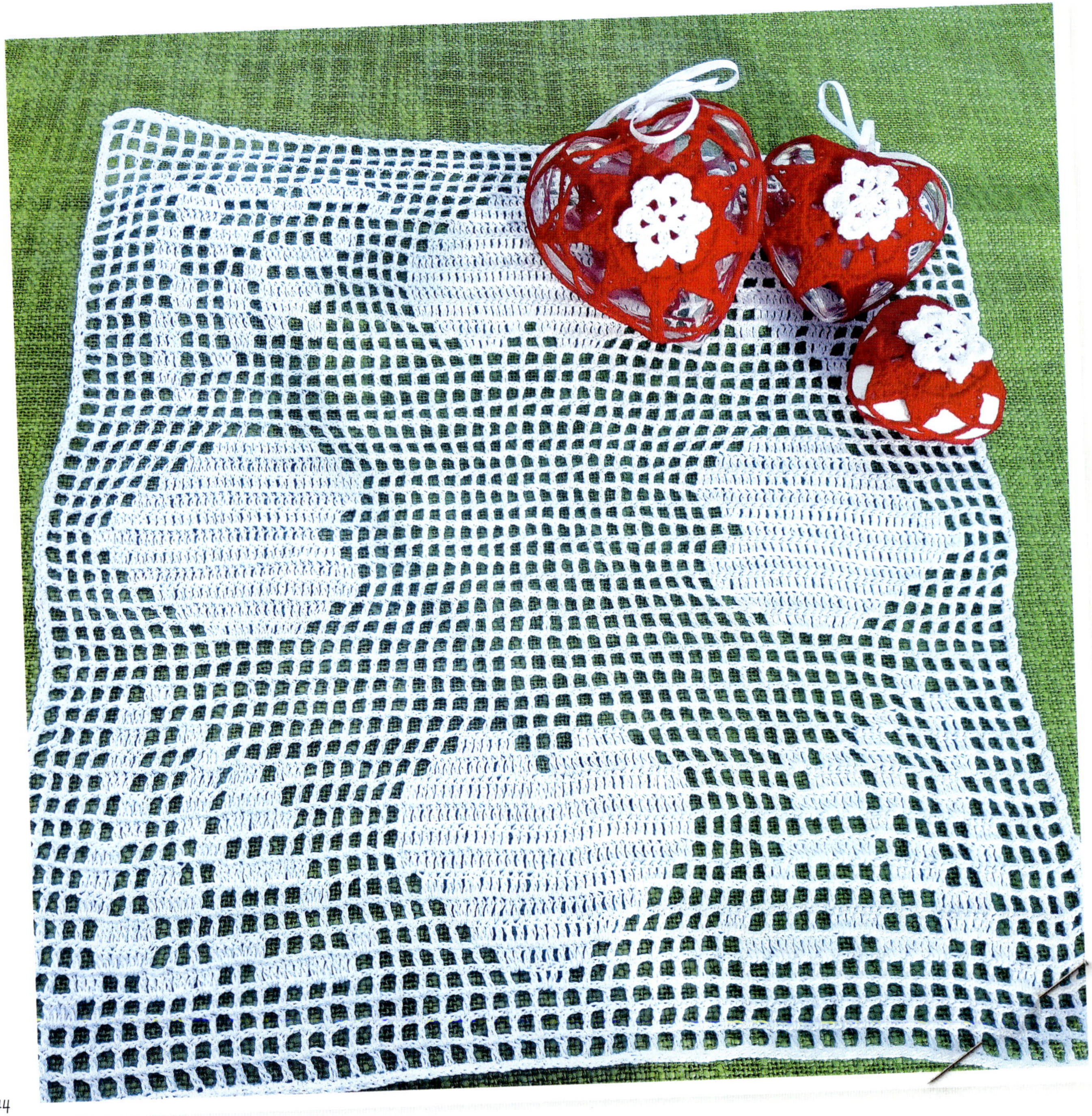

Herzdeckchen

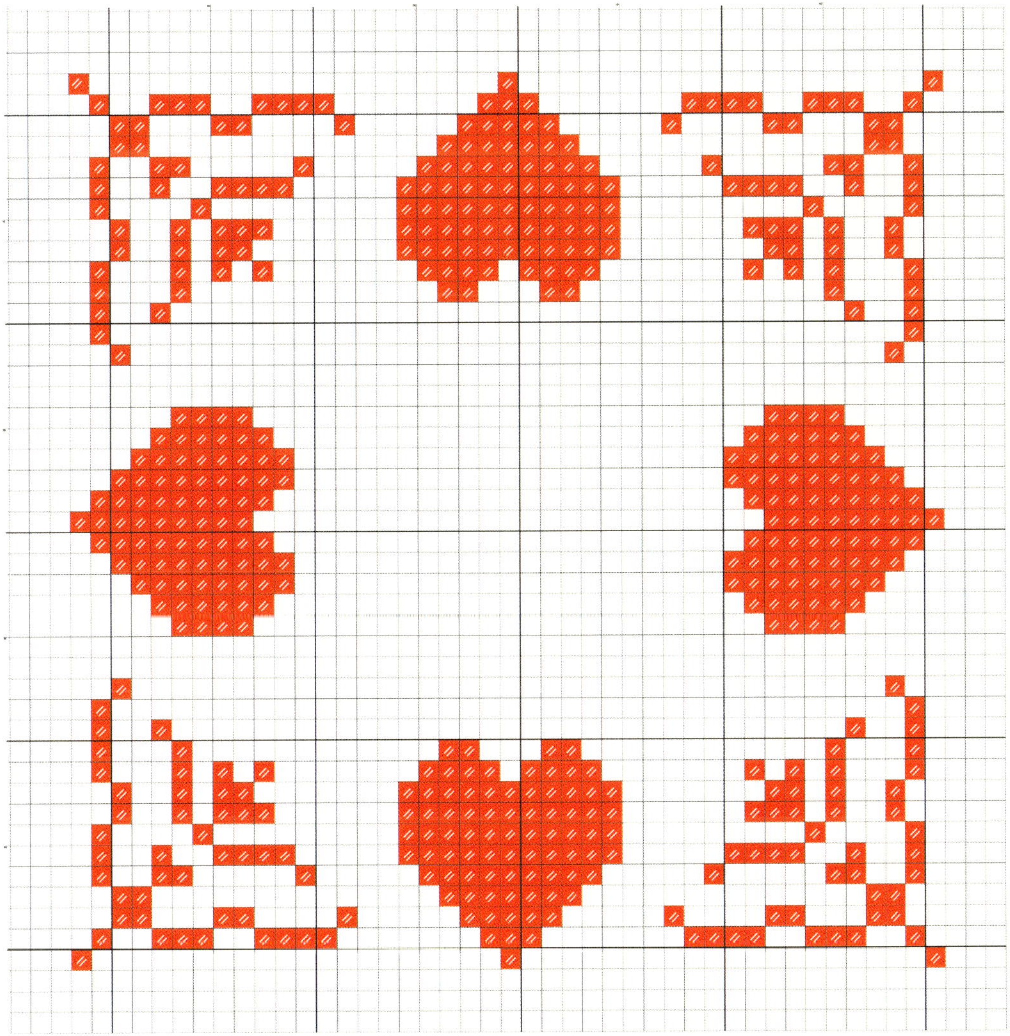

Rote Herzen

Styroporherz: 5 cm
Plexiglasherz: 6 cm und 8 cm

Jeweils 2 gleiche Teile häkeln.
Alle gleich beginnen.
Beim 5 cm großen Herz, blau gezeichnet, in der letzten Runde des zweiten Teiles die Teile miteinander verbinden.
6 cm großes Herz: In der blau gezeichneten Reihe verbinden: 9 M = 4 Lm, 1 fM, 4 Lm
8 cm großes Herz: in der blau gezeichneten Runde verbinden: 11 M = 5 Lm, 1 fM , 5 Lm

Kleine Blüte
6 Lm, mit 1 Km zur Runde schließen, 2 Stb in jede Lm, in jedes Stb: 2 Lm, um die Lm herum 1 fM, 1 hStb, 2 Stb, 1 hStb, 1 fM

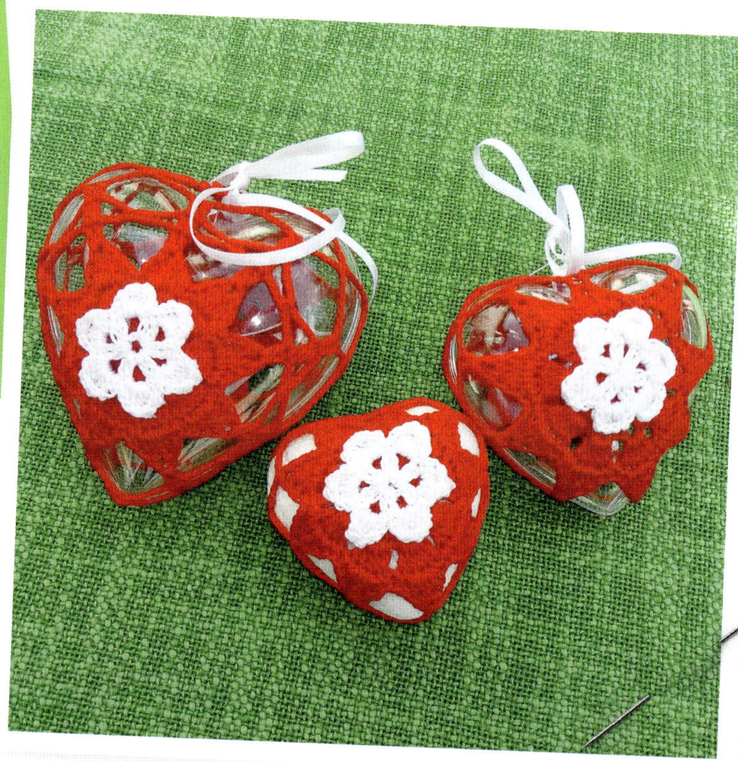

Rotes Herz 5 cm

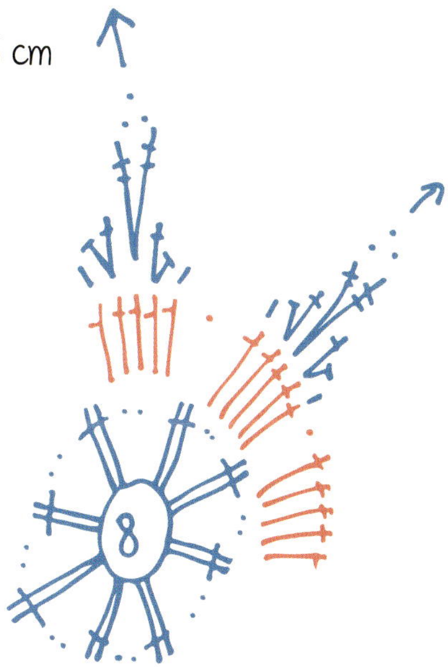

Rotes Herz 6 cm

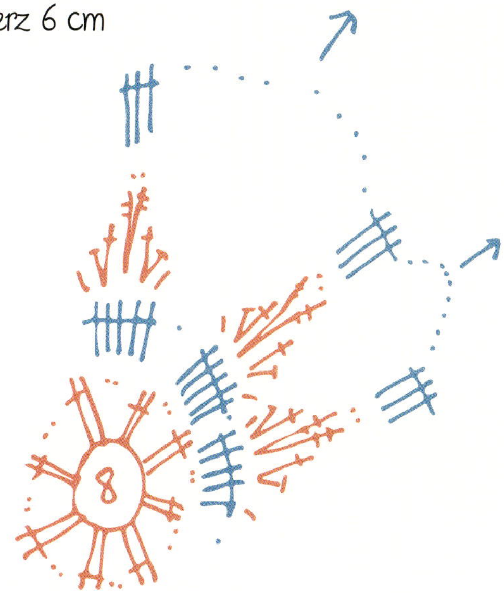

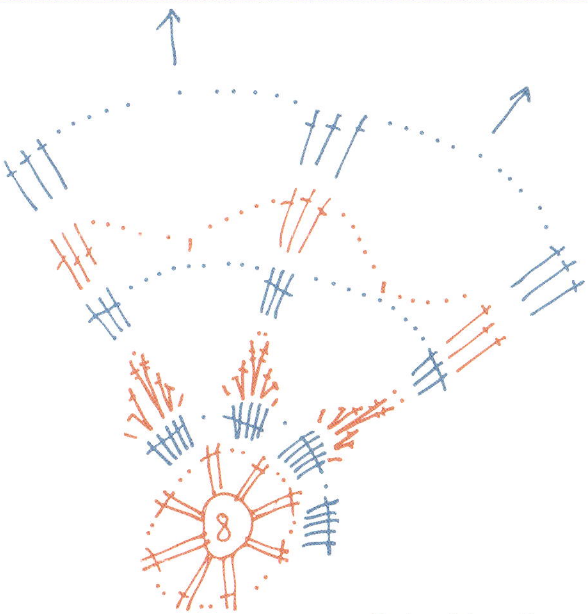

Rotes Herz 8 cm

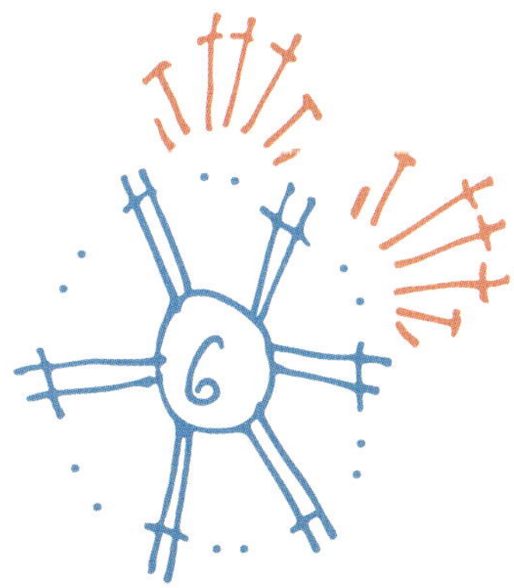

Blüte für rotes Herz

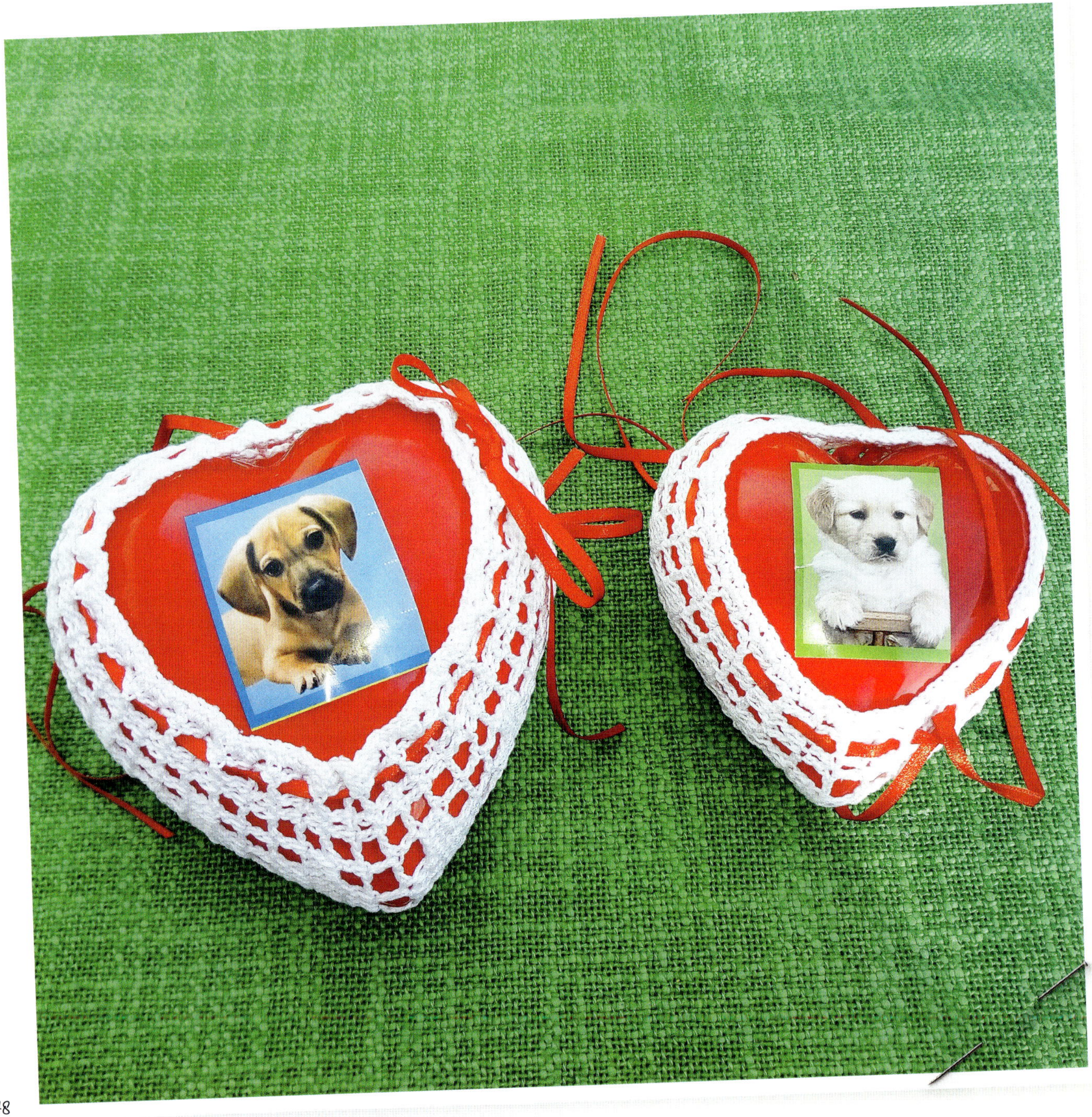

Herzen für Fotos

Großes Herz: 10 cm
Kleines Herz: 8 cm

In Wunschfarbe die Bänder laut Häkelschrift arbeiten.
Die Ränder mit festen Maschen umhäkeln und das Satinband einziehen.
Zuletzt das Wunschfoto platzieren.

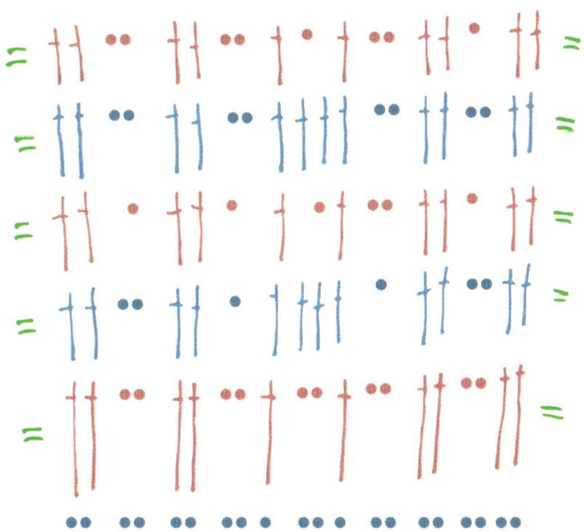

Rotes Herz 8 cm

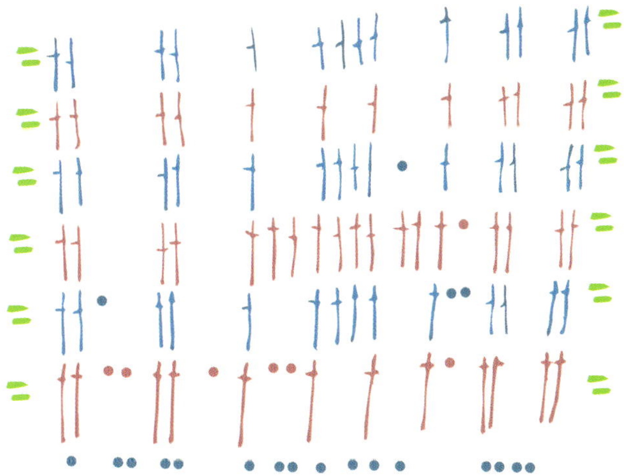

Rotes Herz 10 cm

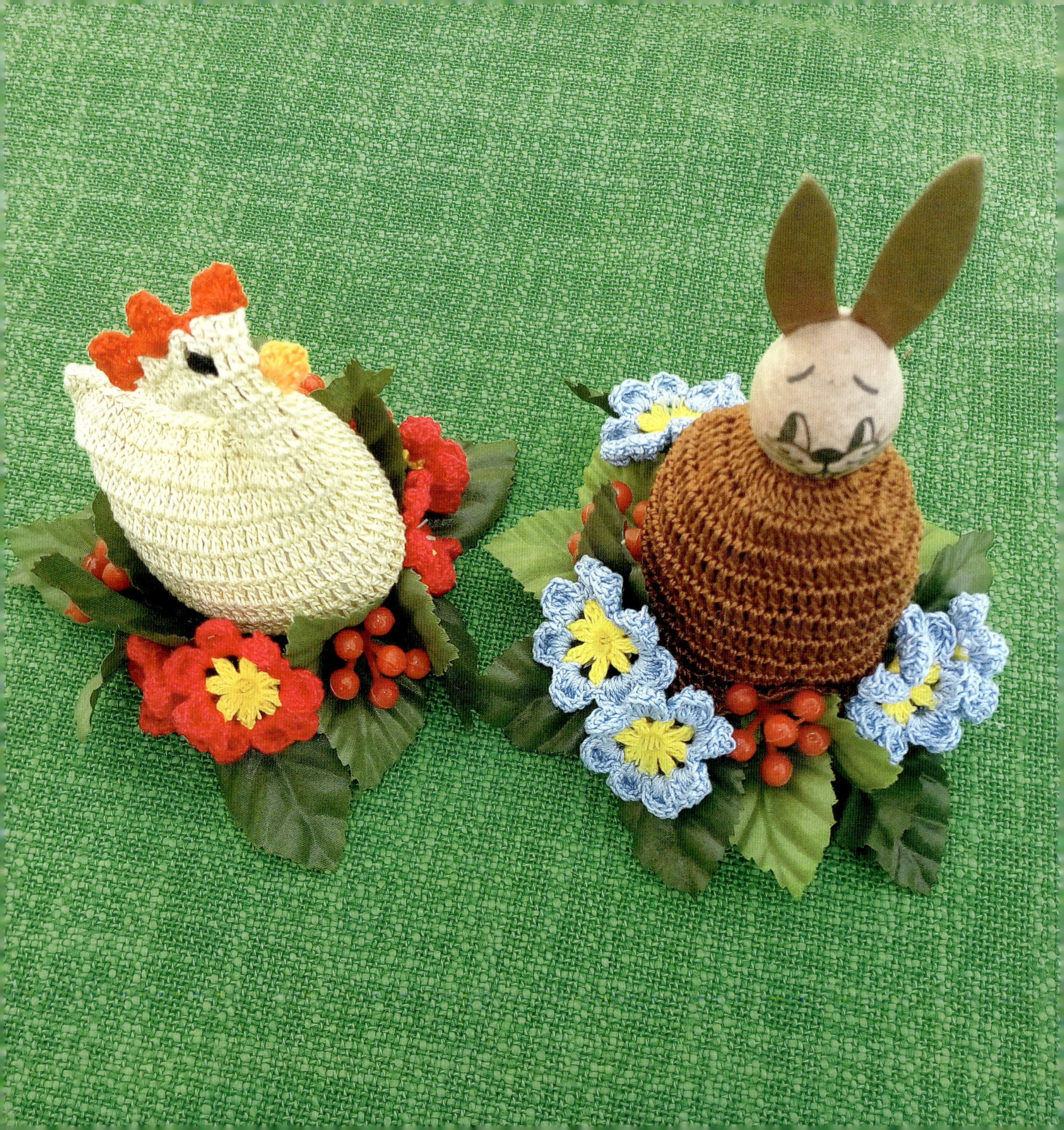

Osterhase

Für das Häkelteil in Braun: 7 Lm, mit 1 Km zur Runde schließen, in der 1. Runde 20 Stb, in der 2. Runde auf jedes Stb 2 Stb = 40 Stb, in der 3. Runde jedes 2. Stb verdoppeln = 60 Stb. Weitere 8 Runden ohne Zunahme häkeln. Abschluss: 1 fM, 3 Lm, 1 Stb überspringen.

Einen Fertig-Hasenkopf (erhältlich in jedem Bastelladen) mit einer kleinen Drahtschlinge montieren oder mit einer dickeren Nadel aufstecken.

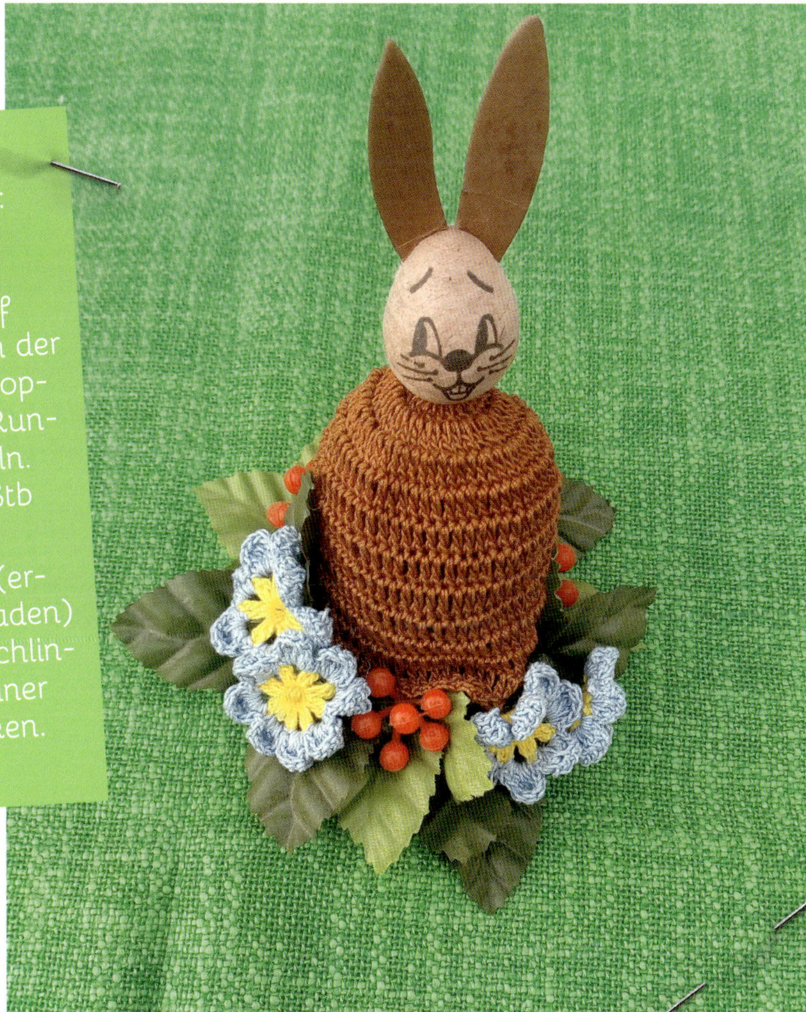

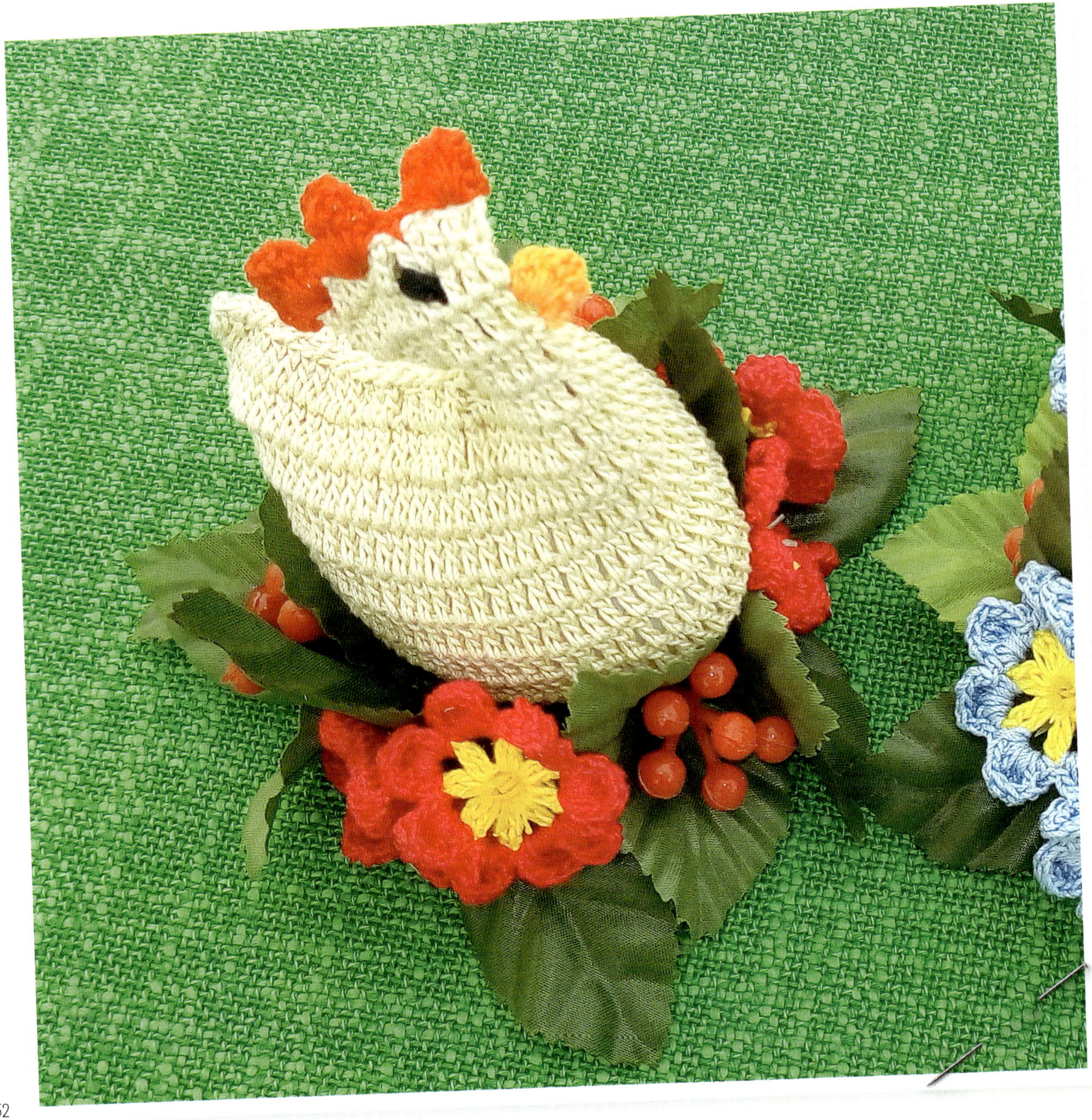

Henne mit Blüten

Henne

In Beige 65 Lm häkeln, dann über 9 Reihen Stb häkeln.

Über die mittleren 15 Maschen 4 Reihen Stb. arbeiten, dann die Naht schließen und die Augen in Schwarz aufsticken.

Den Schnabel in Orange um das mittlere Stb der vorletzten Reihe arbeiten: 1 fM, 1. hStb, 2 Stb, 1 hStb, 1 fM.

Den Kamm in Rot im Mustersatz 3 x arbeiten: 1 fM, 1 hStb, 1 Stb, 2 DStb, 1 Stb, 1 hStb, 1fM. (Anfang, Mitte, Ende des Halses, jeweils beide Häkelteile erfassen.)

Blüte

Für den Blütenstaub: 6 Lm in Gelb, mit 1 Km zur Runde schließen, (2 Stb, 2 Lm) 8-mal.

In der Wunschfarbe 8 x arbeiten: In jeden Luftmaschen-Bogen: 1 fM, 1 hStb, 3 Stb, 1 hStb, 1 fM
Die Blüten auf einen Kerzenring aufstecken.

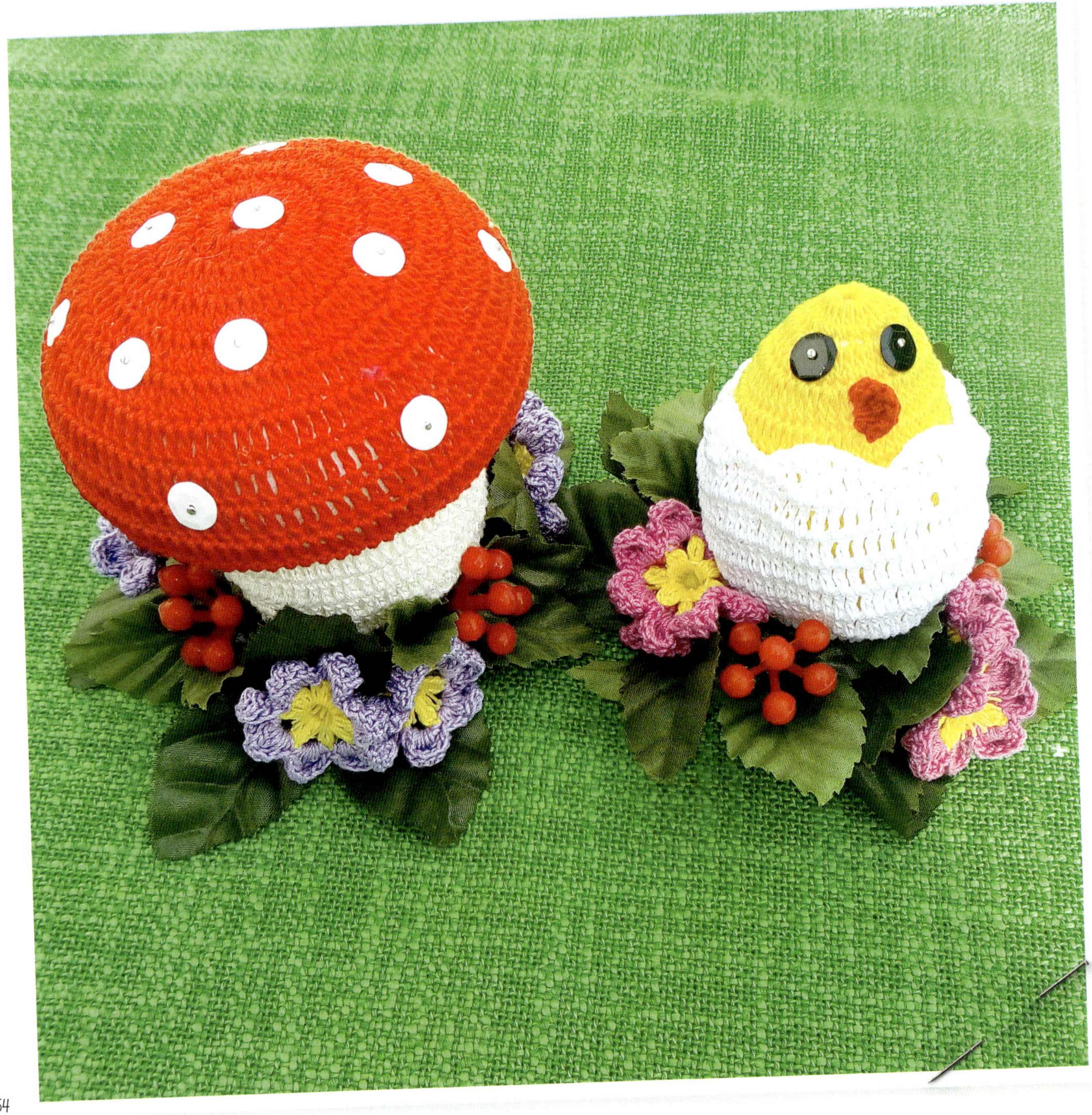

Huhn im Ei & Pilz

Huhn im Ei

In Gelb: 7 Lm, mit 1 Km zu einem Ring schließen, in der 1. Runde 20 Stb arbeiten, in der 2. Runde alle Stb verdoppeln = 40 Stb, in der dritten Runde jedes 2. Stb verdoppeln = 60 Stb. Ca. 7 Runden ohne Zunahme arbeiten, dann 2 Runden lang jedes 2. und 3. Stb zusammenhäkeln, die Restmaschen zusammennähen.

In Weiß: Wie in Gelb, jedoch nur 5 Runden ohne Zunahmen. Dann 6 Bögen arbeiten = 1 fM, 1 hStb, 1 Stb, 4 DStb, 1 Stb, 1 hStb, 1 fM.

Den Schnabel in der 3. Runde um die Mittelmasche arbeiten: 1 fM, 1 hStb, 2 Stb, 1 hStb, 1 fM.
Zuletzt schwarze Pailletten als Augen aufstecken oder aufnähen.

Pilz

Kappe in Rot: 7 Lm, mit 1 Km zur Runde schließen, in der 1. Runde 20 Stb arbeiten, in der 2. Runde jedes Stb verdoppeln = 40 Stb, in der 3. Runde jedes 2. Stb verdoppeln = 60 Stb, in der 4. Runde jedes 3. Stb. verdoppeln = 80 Stb, in der 5. Runde jedes 4. Stb. verdoppeln = 100 Stb. Weitere 5 Runden ohne Zunahme arbeiten und einen 1 m langen Nähfaden stehen lassen.

Für den unteren Teil in Ecru: bis Runde 3 wie oben, 7 weitere Runden mit 60 Stb häkeln, anschließend jede 2. Masche verdoppeln, damit der Pilz besser steht.
Kappe und Stiel unsichtbar miteinander verbinden und zuletzt weiße 8 mm große Pailletten mittels kurzer Bastelstecknadeln aufstecken oder aufnähen.

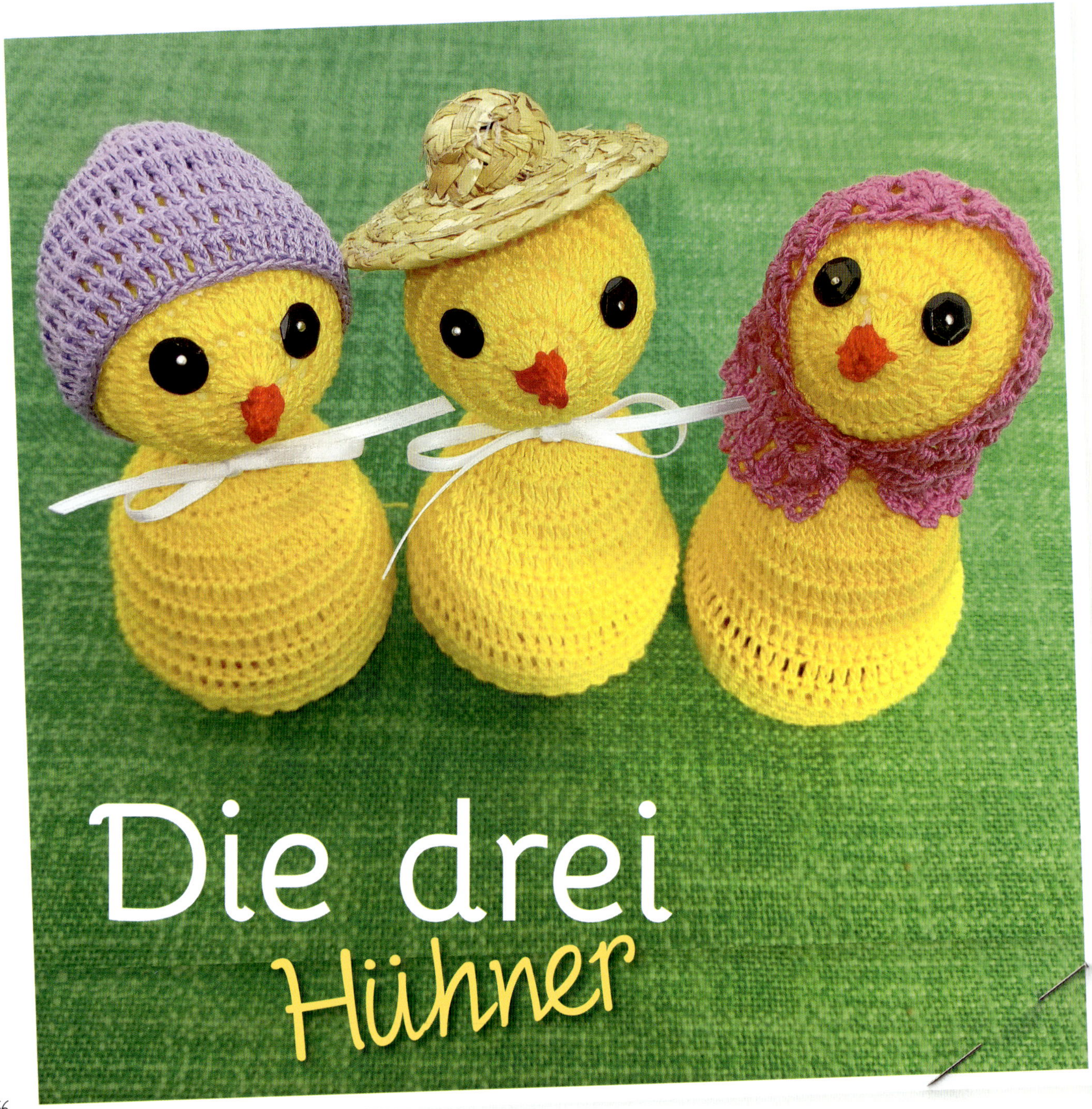

Die drei Hühner

Der untere Teil wird wie der Unterteil vom Osterhasen, siehe S. 51, gearbeitet.

Für den Kopf wird eine 4 cm große Styroporkugel benötigt. Er wird in 2 Teilen gehäkelt.

7 Lm, mit 1 Km zu einem Ring schließen, 20 Stb in den Ring arbeiten, die Stäbchen in Runde 2 verdoppeln = 40 Stb, in Runde 3 jedes 2. Stb verdoppeln = 60 Stb. Die weiteren Runden 60 Stb häkeln, langen Faden stehen lassen.

Die Teile zusammennähen, dann den Schnabel in Rot, etwa auf Höhe der Anfangsschlinge, arbeiten.

Dafür 1 fM, 1 hStb, 1 Stb, 1 hStb, 1 fM.

Schwarze Pailletten für die Augen aufstecken oder aufnähen.

Den Strohhut mit Stecknadeln befestigen.

Für die Haube 5 Lm, mit 1 Km zu einem Ring schließen, in der 1. Runde 12 Stb häkeln, in der 2. Runde alle Stb verdoppeln = 24 Stb, in der 3. Runde jedes 2. Stb verdoppeln = 36 Stb, in der 4. Runde jedes 2. Stb verdoppeln = 54 Stb. Weitere 4 Runden ohne Zunahme arbeiten.

Das Tuch laut Zeichnung häkeln.

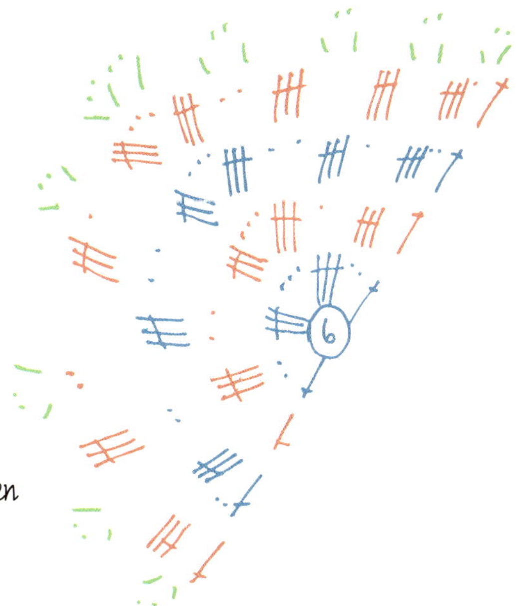

Tuch für Huhn:

Muster bis Wunschgröße fortsetzen

— = Abschlussrunde

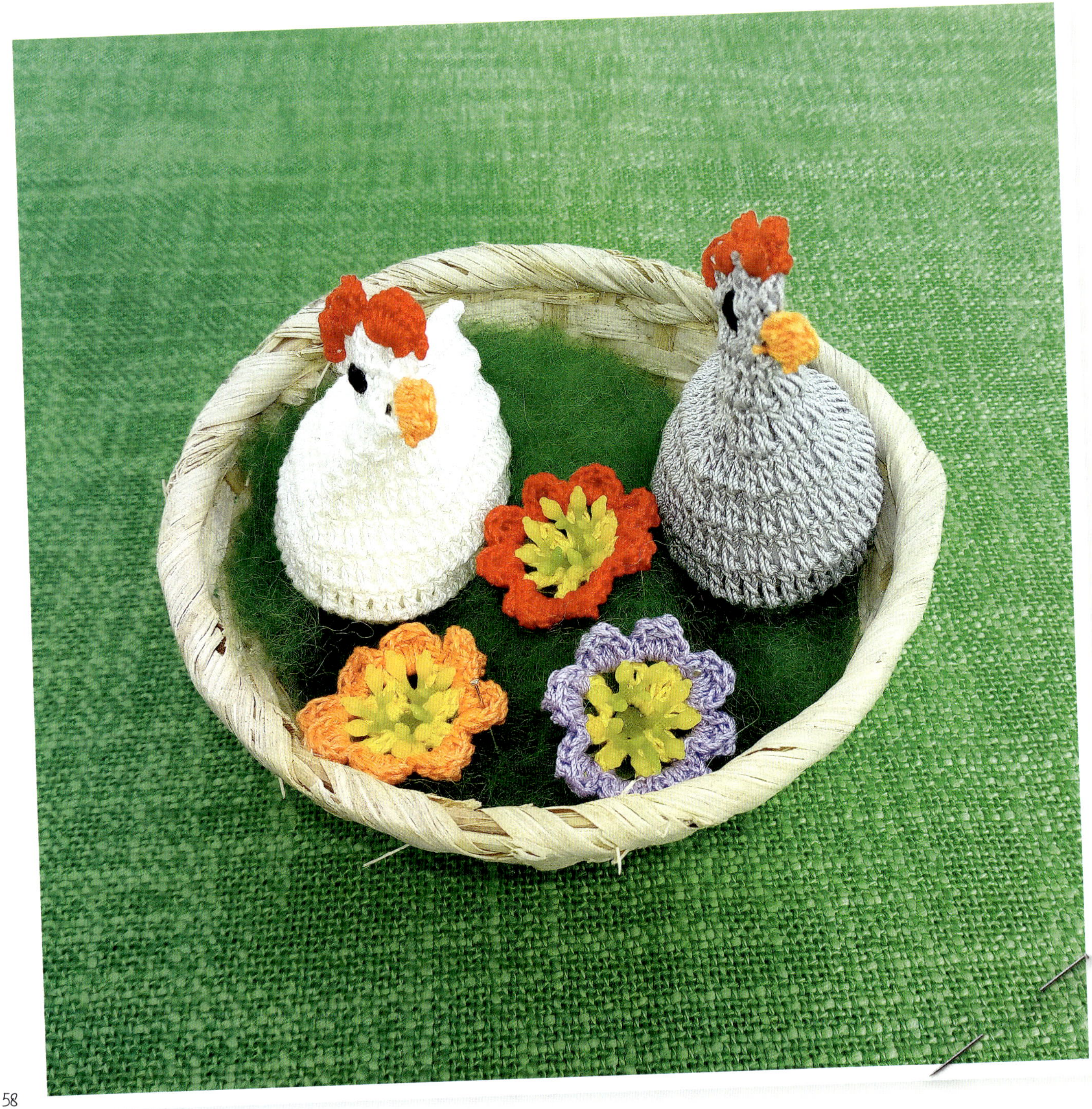

Körbchen mit kleinen Hühnern & Blüten

Tipp: Darin lassen sich Geldgeschenke gut verstecken!

Für das Huhn in Wunschfarbe 45 Lm anschlagen,
6 Reihen häkeln, dann über die mittleren 11 Maschen weitere 3 Reihen arbeiten. Dann die Nähte schließen. Um das mittlere Stb. der vorletzten Reihe den Schnabel arbeiten und am oberen Rand den Kamm, die Augen aufsticken und mit einem 4,5 cm großen Styropor-Ei oder Ähnlichem füllen.
Für den Schnabel: 1 fM, 1 hStb, 1 Stb, 1 hStb, 1 fM.
Den Kamm wie den Schnabel häkeln, jedoch 3 x arbeiten.

Blüte

Für den Blütenstaub: 6 Lm in Gelb, mit 1 Km zur Runde schließen, (2 Stb, 2 Lm) 8-mal.

In der Wunschfarbe 6 x arbeiten: In jeden Luftmaschen-Bogen: 1 fM, 1 hStb, 3 Stb, 1 hStb, 1 fM

Aus unserem Programm

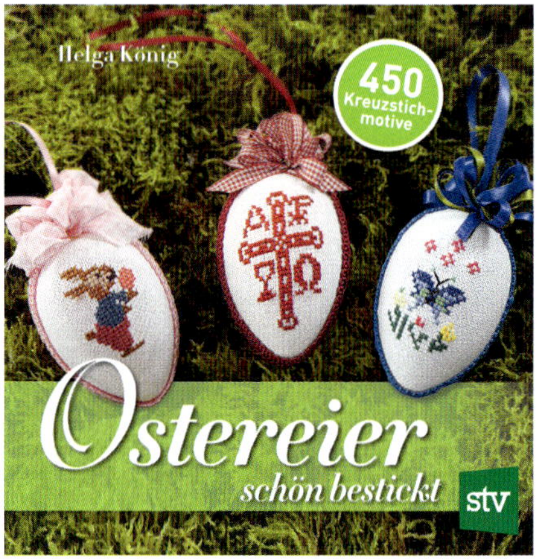

ISBN 978-3-7020-1520-6

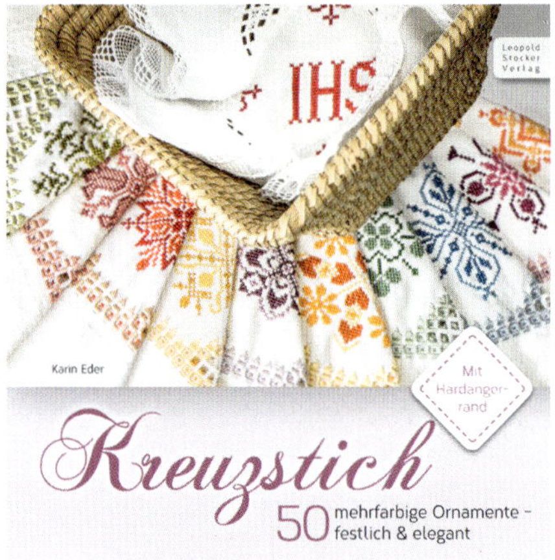

ISBN 978-3-7020-1717-0

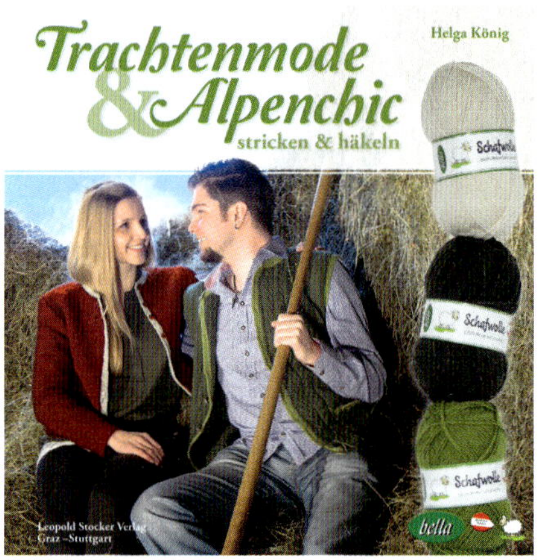

ISBN 978-3-7020-1529-9

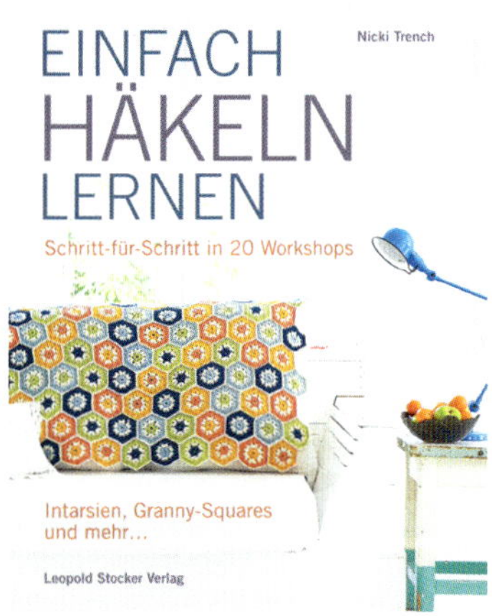

ISBN 978-3-7020-1549-7

Leopold Stocker Verlag
Graz – Stuttgart
www.stocker-verlag.com